Frédéric Moser
Marc Borry

Intelligence stratégique et espionnage économique

Côtés pile et face de l'information

Collection « Culture du renseignement »

dirigée par Eric Denécé

La collection CULTURE DU RENSEIGNEMENT est consacrée à l'ensemble des domaines dits de la "guerre secrète" (renseignement et contre-espionnage, actions clandestines et opérations spéciales, interceptions et décryptement, guerre psychologique et mystification) et à leur impact sur les sociétés, les systèmes politiques et les relations internationales.

Ouvrages déjà parus :

* Gilbert Bloch, *Renseignement et intoxication durant la Seconde Guerre mondiale : l'exemple du débarquement,* (1999).
* Jean Deuve, *Le service de renseignement des Forces françaises du Laos, 1946-1948,* (2000).
* Centre d'études d'histoire de la défense (CEHD), *Des réseaux et des hommes, publication des conférences 1999/2000 de la Commission " Histoire du renseignement ",* (2000).
* Eric Denécé, *Le nouveau contexte des échanges et ses règles cachées : information, stratégie, guerre économique,* (2001).
* Thierry Vareilles, *Encyclopédie du terrorisme international,* (2001).

Intelligence stratégique et espionnage économique
par Frédéric Moser et Marc Borry

quai aux Pierres de taille, 37-39 – 1000 Bruxelles
editions@lucpire.be
http://www.lucpire.be

en coédition avec : L'Harmattan — Éditions - Diffusion
rue de l'École-Polytechnique — 75005 Paris
harmat@worldnet.fr
http://www.editions-harmattan.fr

Mise en page : ELP – Nathalie Mussche & Pierre Pirson
Couverture : Debie graphic design
Imprimé en France

Belgique :
ISBN : 2-87415-128-9
Dépôt légal : D/2002/6840/3

France :
ISBN : 2-7475-2222-9
Dépôt légal : février 2002

Table des matières

Introduction

Un jour viendra où il n'y aura plus d'autres champs de bataille que les marches s'ouvrant au commerce et les esprits s'ouvrant aux idées[1].

VICTOR HUGO

« Bienvenue dans la Société de l'Information »... tel est le message qui accueille aujourd'hui les nouveaux entrepreneurs. Cette Société a ses propres règles, ses propres illusions et surtout son propre vocabulaire, fait de néologismes à outrance... de préférence à consonnance anglo-saxonne.

Ainsi, nos entreprises sont devenues les « cyber-véhicules » des incontournables « autoroutes de l'information », analogie non dissimulée à ces grands chantiers des temps modernes que furent nos actuelles voies de communication. Doit-on en conclure que les conseils de prudence adressés aux passagers des routes s'appliquent aussi aux chefs d'entreprise qui partent à l'assaut de cette économie « virtuelle » ? Lorsque l'on conduit un véhicule, il n'est pas prudent de fermer les yeux sous peine de se retrouver dans une situation pour le moins inconfortable, voire dramatique. Il faut constamment regarder non seulement devant soi, mais aussi derrière et autour de soi afin de prévenir tout danger. Surveiller les autres véhicules, les signaux routiers, ses propres indicateurs de bord, ...autant de réflexes qui peuvent vous « sauver la vie » !

Pourquoi une entreprise devrait-elle être conduite autrement ? Dans une dynamique économique incessante, il est primordial de tenir compte de l'information qui nous entoure et de celle que nous envoyons vers l'extérieur. De récentes enquêtes ont démontré que 70% des défaillances des entreprises résultaient d'une connaissance incomplète de leur environnement. Une entreprise partage en effet ces « autoroutes de l'information » avec d'autres « véhicules » : concurrents, mais aussi partenaires, clients et fournisseurs, lesquels émettent des signaux, changent de cap, freinent ou accélèrent. Le réel défi est de rester en éveil pour détecter ces précieux avertissements.

Ce qui distingue réellement un panneau routier d'un signal exploitable dans la stratégie d'une entreprise, c'est qu'il peut varier d'intensité. Les plus intéressants étant souvent aussi les plus discrets. Ces « signaux faibles » sont devenus le véritable gibier du stratège moderne. Il s'agit, par exemple, d'une technologie émergente qui n'a encore fait l'objet que de peu de publicité et échappe aux moteurs et techniques de recherche classiques. Seules des méthodes de surveillance systématique plus élaborées permettront de les identifier et de les exploiter.

Allons encore un peu plus loin dans l'analogie : l'éthique et la loi ne sont-elles pas les codes de la route de nos « autoroutes de l'information » ? De même, un permis de conduire, c'est-à-dire le document qui atteste d'une formation adéquate, ne devrait-il pas être requis pour naviguer correctement ? Conduit-on de la même manière une petite voiture, un gros camion ou un autocar ? Enfin, un voyageur qui prépare son itinéraire – cherchant les meilleures voies, prévoyant les étapes, tenant compte de la circulation et des conditions climatiques – n'est-il pas un modèle à suivre pour un chef d'entreprise ?

Bien sûr, entre la théorie et la réalité, il existe comme toujours une certaine marge. Il y aura toujours des amateurs de grande vitesse qui veulent arriver avant les autres, au mépris de toute règle et flirtant allégrement avec les limites de la légalité.

C'est pourquoi dans un double souci de réalisme et de cohérence, nous vous proposons d'aborder ici toutes les formes de la gestion et de l'utilisation des informations : anciennes ou modernes, claires ou obscures, de petite ou de grande envergure. Nous évoquerons à la fois les contours des métiers liés à la « veille » – la face présentable de la recherche d'informations dans l'entreprise – et l'espionnage, une activité par essence illégale.

Les finalités de la veille et de l'espionnage économique sont en réalité identiques : dénicher l'information utile à l'entreprise ou, dans un schéma macroéconomique, à l'État ; trouver l'information qui fera progresser l'entreprise et lui permettra de conquérir de nouveaux marchés, convoités par des concurrents. L'espionnage économique n'est que la continuité quasi « logique » de la recherche des signaux, tant forts que faibles, qui constituent l'armature des métiers de la veille.

Comme l'explique avec justesse Brigitte Henri[2], « la différence avec le renseignement «traditionnel» est que l'intelligence économique s'appuie uniquement sur des informations «ouvertes» et que son but unique et direct est d'aider les entreprises à se maintenir dans la compétition mondiale en détectant les menaces et les opportunités pour elles ». Cette distinction induit que l'intelligence économique s'interdit tout recours aux procédés coercitifs ou intrusifs du renseignement public qui sert l'État. En clair, les spécialistes distinguent les zones blanche, grise et noire. Si la première recouvre la collecte de l'information dite ouverte, disponible et accessible par des moyens légaux, la dernière recouvre la collecte d'informations secrètes, par nature cachées, et donc accessibles uniquement par des moyens « spéciaux » et illégaux. Quant à la zone grise, elle se positionne entre ces deux extrêmes. Bien sûr, la majorité des entreprises n'outrepassent pas les limites de la légalité. Bien sûr il ne faut pas voir des « espions » partout. Bien sûr tout le monde ne pose pas des micros dans l'entreprise de son concurrent,... Ce serait faire injure à la vérité d'affirmer que la pratique de l'espionnage est généralisée et qu'elle constitue la base des relations économiques et commerciales. Pourtant, occulter complètement cet aspect des choses reviendrait, tout simplement, à faire l'autruche.

Sans tomber dans la paranoïa, l'espionnage fait partie intégrante de l'univers de l'entreprise, du monde économique. L'oublier constituerait une grave erreur. Cette conviction est forgée par une décennie de lectures, des centaines d'entretiens formels ou informels avec des responsables d'entreprises – de la minuscule PME à la multinationale – , des spécialistes de l'intelligence économique ou des agents de renseignement.

Sans prétendre à l'exhaustivité, cet ouvrage vise à apporter un éclairage nouveau et à générer des réflexions. Comment en effet ne pas être frappé par le manque de connaissance du sujet, l'absence de conscience des risques encourus, voire de la naïveté des multiples acteurs économiques : chefs d'entreprise, édiles, dirigeants politiques ou même agents de renseignement ?

Nous avons voulu traduire cette vision claire et précise dans la présentation même de l'ouvrage, en acceptant de déconstruire les mécanismes et les motivations des deux activités en trois parties claires et scindées.

Dans la première partie, nous découvrirons la partie émergée de l'iceberg : les concepts, les techniques et les outils qui sont à la base de la « Société de l'Information », telle qu'elle se présente au monde économique moderne.

Dans la seconde partie, nous traiterons de l'espionnage « pur et dur », des méthodes utilisées, des espions « occasionnels », des véritables agents de renseignement, de l'émergence sur le marché de nouveaux acteurs aux dents longues, des motivations des uns et des autres.

Identifier les maux est une chose, aborder les causes et proposer des remèdes en est une autre. La dernière partie aura pour mission de suggérer des pistes pour une véritable défense du patrimoine informationnel ou, du moins, une limitation des risques.

Δ

1. Victor Hugo, Paris, 22 août 1849. Discours au Congrès de la paix.

2. Brigitte Henri, *Le renseignement : un enjeu de pouvoir*, Éd. Économica, Paris, 1998.

PREMIÈRE PARTIE :
Les opportunités

L'entreprise est une bicyclette.Comme elle,
elle ne conserve son équilibre que par le mouvement.
Arrêtée, elle tombe[1].

YVON GATTAZ

–1–
Le nouveau monde de l'information

La manière dont l'information est traitée aujourd'hui se situe dans le prolongement de l'évolution qu'elle a subie tout au long de l'Histoire. Cette évolution est en effet basée sur une philosophie générale fondée sur le besoin d'acquérir continuellement des connaissances pour en développer de nouvelles. Au cours du temps, la Connaissance est ainsi devenue un facteur de progression socio-économique de plus en plus important. Il suffit de revoir l'Histoire en fonction de cette progression et des différentes étapes qui la jalonnent. Parfois séquentielles, parfois parallèles, elles sont à l'origine d'une véritable prise de pouvoir de nos économies, voire de nos vies.

La préhistoire

Avant d'exploiter le potentiel informationnel, il a fallu le construire. Cette époque de création, de mise à disposition et de diffusion a débuté avec Gutenberg et les possibilités d'impression à grande échelle. Elles marquèrent le début d'un véritable accès au Savoir, mais aussi l'apparition d'un nouveau problème : le stockage de volumes importants. De 30.000 titres publiés au 15e siècle, on passera à 150.000 le siècle suivant. Parallèlement, on voit fleurir les premières grandes bibliothèques en Europe – à Bruxelles, à Paris mais aussi à Francfort ou à Londres – et apparaître le terme de « bibliothéconomie » pour désigner la gestion des ouvrages (*Advis pour dresser une bibliothèque*, Gabriel Naude, 1627).

Pour faire face à l'explosion du nombre de publications, le simple stockage finit par ne plus suffire et des méthodes de classification s'avèrent indispensables, telles que la Classification Décimale Universelle (CDU) des Belges Otlet et Lafontaine ou celle de l'Américain Melvil Dewey (CDD). Ces méthodes témoignent d'un besoin d'identification claire de l'information en attribuant un code propre à chaque matière, en fonction de son niveau spécifique ou générique.

Les 18e et 19e siècles furent également marqués par les prémices des « systèmes d'information » au travers des réflexions de Thomas Hobbes, qui voyait déjà la société humaine comme un système ayant sa propre organisation[2], de Gottfried Leibniz et de Charles Babbage, qui imaginèrent les premières machines « à penser ». Dans le même ordre d'idées, Samuel Butler s'opposa aux darwinistes qui pensaient que, tôt ou tard, on démontrerait l'équivalent mécanique de la conscience, comme on avait pu le faire pour la chaleur. En fait, Butler, inspiré par Hobbes, avait une vision futuriste en imaginant quelque chose entre les machines et les hommes, à l'origine d'une intelligence collective. Il ne faisait finalement que prévoir l'avènement de l'Internet. Il voyait en effet dans le développement des télécommunications un moyen de favoriser les échanges d'intelligence entre les êtres humains et par cette voie, les échanges d'intelligence entre les machines.

Au 20e siècle, John Von Neumann démontra que le cerveau pouvait être vu comme un réseau de cellules, connectées de manière telle que chaque cellule puisse recevoir des impulsions de plusieurs autres cellules et en transmettre à plusieurs autres. Il fit également des parallèles entre la théorie de l'information et la thermodynamique. Hobbes, Leibniz, Babbage, Von Neumann mais aussi George Boole, père de la logique booléenne, et Alfred Smee, père de l'électrophysiologie, formalisèrent la correspondance entre un système mécanique, un système mathématique et symbolique et notre système mental de pensée et d'idées. La « machine pensante » était née...

Alan Turing, quant à lui, développa le concept de « learning machines » (machines apprenantes). Partant du principe qu'une machine, prétendue infaillible, ne peut être intelligente, elle doit donc apprendre de ses propres erreurs. Ainsi donc, si un homme, isolé dans une pièce et n'ayant comme seul moyen de communication qu'un terminal relié d'une part à celui d'une autre personne et d'autre part à une machine, ne peut faire la différence entre les deux, alors la machine peut être dite « intelligente ». À ce jour et à notre connaissance, aucune machine n'est capable de réussir le test de Turing.

En somme, tous annoncèrent l'avènement de l'ordinateur et par-delà, le traitement automatique de l'information. L'automatisation des tâches va ainsi permettre d'augmenter les possibilités de recherche et de réduire les temps d'accès. Toutefois, entre l'Europe continentale et le monde anglo-saxon, une première divergence apparaît. L'automatisation des tâches y est vue comme une manière plus rapide et plus aisée d'accéder au matériel cognitif, le contenu. On oppose dès lors le modèle « informatique », pour information automatique, au concept de « computer » ou calculateur qui construit l'information à partir de données. Tandis que les uns s'emploient à « informatiser la Société » grâce à une diffusion automatique de la connaissance – on se réfère, entre autres, à la notion de télématique, néologisme apparu dans le rapport français de Nora et Minc en 1978. D'autres, comme les Japonais en 1984, établissent un « Plan pour une Société de l'Information », une société qui crée de l'information.

L'ère de la proactivité : prévoir et anticiper

Par delà la connaissance, l'Homme a toujours cherché à prévoir, à deviner, à anticiper. Il a fait de cette volonté des sciences dont les finalités sont de générer de l'information potentielle à partir de l'information acquise.

La Cindynique

La Cindynique est la science visant à maîtriser les dangers (*Kindynos = danger*) en développant et en exploitant les outils, méthodes et techniques propres à améliorer et à optimiser la sécurité[3].

Cette science est née d'une polémique entre Voltaire et Rousseau, à l'occasion du tremblement de terre de Lisbonne en 1755. Alors que Voltaire accuse la Providence, Rousseau fait justement remarquer que la décision d'implanter les villes dans des zones sismiques met tout simplement en cause l'intelligence et la responsabilité des hommes.

La notion de risque est elle-même très large et dépasse le seul cadre financier : risques industriels, techniques, sociaux, informatiques, technologiques, voire naturels... La cindynique ne consiste pas en l'observation experte d'une boule de cristal, mais en l'identification de facteurs critiques mettant en exergue le caractère potentiellement catastrophique du risque inhérent à une situation précise. Ces facteurs sont appelés des déficits systémiques cindynogènes. Ils peuvent être de nature :

- culturelle : défaut de vigilance, trop grande confiance en soi, manque de communication... ;
- organisationnelle : dilution des responsabilités, préférence de la productivité sur la sécurité... ;
- « managériale »: absence d'un système de retour d'expériences, de procédures écrites, de formation du personnel, de préparation aux situations de crise...

Ce type d'analyse a par exemple été appliqué au tremblement de terre de Kobé et a mis en évidence l'existence préalable de déficits cindynogènes : conviction de l'absence de péril malgré une importante activité sismique, dilution des responsabilités fondées sur le consensus, absence de stratégie en cas de crise (formation, planification, cellule de crise)... La prise de conscience de ces déficits, avant la catastrophe, ne l'aurait bien sûr pas empêchée, mais elle en aurait certainement limité l'ampleur (plus de 5.400 victimes, 80.000 bâtiments détruits et 100.000 milliards de dollars de dégâts). Pareil exercice pourrait tout aussi bien s'appliquer aux attentats du 11 septembre 2001, aux États-Unis...

La Prospective

En 1957, Gaston Berger décrit la prospective comme « une démarche globale consistant à mieux anticiper les futurs possibles en tenant compte des comportements humains ». Les objectifs de la prospective sont de percevoir les évolutions possibles à partir du passé et du présent, d'en identifier les repères clés et d'orienter les actions et décisions vers les scénarii les plus adéquats. Il s'agit d'avoir un regard critique sur l'actualité et d'envisager les hypothèses les plus réalistes sur les options qu'elles offrent pour l'avenir[4]. Une prospective moderne, telle que la défend Joël De Rosnay, est une démarche systémique et organisée. Elle suppose une surveillance de l'information, une veille, qui permettra d'identifier les différents scénarii. C'est sur base de cette connaissance que pourront être faits les choix, en fonction des tendances fortes et de la validation des différentes hypothèses.

Un exemple de prospective technologique et sociale : le cas de l'ingénierie génétique[5]

Les organismes génétiquement modifiés (OGM) ont été à l'origine d'une véritable controverse. De nombreuses questions ont été soulevées et des doutes légitimes se sont affirmés. Des membres de l'Université de Valence ont étudié, dans le cadre de Institut de Prospective Technologique et Scientifique de la Communauté européenne, les éléments qu'une démarche prospective aurait dû mettre en évidence.

Le processus général d'une telle étude est le suivant :

- identification des acteurs concernés, définition des objectifs de l'exercice de prospective,
- analyse des sujets et définition des différentes perspectives et des choix politiques possibles,

– débat entre tous les acteurs sur les différentes propositions (réunions de type « atelier de travail »),
– rédaction d'un rapport.

Un simple exercice de collecte des informations aurait déjà permis de se rendre compte que les groupes sociaux, qui ne sont pas directement impliqués dans le développement d'une technologie, mais en subissent les conséquences, peuvent entraver l'adoption de cette technologie, s'ils estiment que leurs demandes ont été négligées lors de la mise au point.

D'autre part, des enquêtes relatives au comportement du public vis-à-vis de la biotechnologie révèlent une certaine méconnaissance des technologies, des risques et des implications.

Finalement, une approche prospective aurait montré l'importance du débat sur les cultures résistantes aux herbicides et autres produits issus d'organismes génétiquement modifiés. Il en est de même en ce qui concerne le débat sur l'étiquetage : si l'on avait basé le développement de la stratégie globale sur un exercice de prospective avant son lancement effectif, on aurait certainement pu mettre en exergue les éventuels problèmes et chercher les solutions.
L'objectif d'une prospective technologique et sociale reviennent donc à mesurer le degré d'acceptation ou de rejet social pour chaque orientation possible de la politique technologique, à identifier des problèmes non techniques (secondaires) qui pourraient affecter la solution choisie, voire créer des troubles sociaux entravant la mise en œuvre de cette option technologique, et à soulever les questions pour lesquelles il faut forcément envisager un contact étroit entre les chercheurs et l'ensemble de la société, au cours du processus de développement. Un tel exercice permet de rechercher les arguments scientifiques nécessaires à la clarification du débat social sur les technologies en question et d'envisager la réglementation, entre autres au niveau des informations utiles.

5 questions à ... Joël de Rosnay

Directeur de la Prospective et de l'Évaluation de la Cité des Sciences et de l'Industrie à La Vilette (Paris), ancien chercheur et enseignant au Massachusetts Institute of Technology (MIT), auteur et co-auteur de nombreux ouvrages dont *L'homme symbiotique*[6], *Le macroscope*[7] ou encore *La plus belle histoire du monde*[8].

– Pour décrire une nouvelle forme de vie, le cybionte, issue de la cybernétique et de la biologie, vous faites appel à une méthode prospective, mais aussi rétrospective. En quoi les deux approches sont-elles liées ?

Le recours à un tel modèle constitue une forme de prospective qui me paraît nécessaire à la construction des sociétés de l'avenir. Son avantage est qu'il nous permet d'éclairer le présent immédiat par une démarche rétroprospective.

En imaginant – ou mieux, en visualisant – les relations symbiotiques entre l'homme et le cybionte, il devient possible de choisir telle voie, telle structure, telle étape intermédiaire. Grâce à un processus itératif entre présent et avenir, qui part d'un modèle – point de départ et non point d'aboutissement – , les événements, situations, courants, évolutions prennent un autre relief, se mettent en perspective, se hiérarchisent et facilitent les décisions. Par l'application de la démarche rétrospective, le caractère imprévisible du monde, qui résulte des extrapolations classiques, fait ainsi place à des hypothèses constructives. L'aller-retour entre prévision, vérifications, cohérence, permet en outre la validation des faits. Plutôt que l'analyse de situations disjointes projetées vers un futur incertain, c'est la synthèse de faits porteurs d'avenir, convergeant vers un modèle transitoire, qui enrichit cette nouvelle vision prospective. Comme le rappelle la devise des chercheurs de la société d'informatique américaine *Xerox*, « la meilleure façon de prédire ce que sera demain, c'est encore de l'inventer ».

– Quel est le regard du prospectiviste sur la Société de l'Information ?

La Société de l'Information est en train de naître et avec elle, de nouveaux pouvoirs, de nouveaux enjeux et de nouveaux défis. Fondées sur l'exploitation et la distribution de l'énergie, les sociétés industrielles sont des « sociétés de croissance ». Avec l'avènement de l'imprimerie, du téléphone et de la télévision, puis récemment des réseaux comme Internet, naissent les « sociétés d'intelligence ». Il ne s'agit plus seulement de conquérir, de stocker et de distribuer l'énergie, mais surtout de conquérir, de stocker et de distribuer l'information.

Sur quoi se fonde l'entrée dans la Société de l'Information et quels en sont les enjeux économiques, politiques et culturels ? Pour tenter de répondre à ces questions, il convient d'abord de considérer les nouveaux outils de communication, leur convergence et leur intégration, puis d'analyser les conséquences des nouvelles formes d'échanges électroniques et leur impact sur les relations avec les usagers. Ensuite, il s'agit de rendre compte de l'émergence des nouveaux pouvoirs en rupture avec les structures pyramidales traditionnelles, d'évaluer les effets de la société de l'information sur les organisations, l'éducation et la personnalisation des échanges et, enfin, de tenter de décrypter les faits porteurs d'un avenir proche, au tournant du millénaire.

– Comment voyez-vous l'impact des nouvelles technologies sur les relations entre hommes et machines ?

Ces progrès technologiques devront se situer dans le cadre d'une modification importante des interfaces entre l'homme et la machine. Nous communiquons aujourd'hui avec les ordinateurs par des claviers, des souris, des menus déroulants, des scanners, des lecteurs de disquettes ou de cédérom. Dans certains cas, il est déjà possible de dicter à la machine des textes que l'ordinateur comprend, après s'être habitué à la voix de l'usager. Ce système de commande vocale est amené à se généraliser dans l'avenir et à bouleverser la communication mobile entre les ordinateurs et le réseau Internet. Aujourdhui, on peut déjà piloter un navigateur à la voix, passer des ordres et spécifier des fonctions à une opératrice virtuelle depuis son automobile, et ce en vue de réorienter les communications téléphoniques vers un autre usager ou de les mettre en mémoire. Progressivement, les ordinateurs reconnaîtront d'autres caractéristiques des interfaces humaines, par exemple l'expression du visage ou les gestes. Les interfaces avec l'ordinateur vont donc s'humaniser et créer une symbiose de plus en plus étroite entre l'homme et les machines à traiter l'information.

Un plus grand nombre d'utilisateurs aura donc accès à l'usage des ordinateurs, aujourd'hui encore trop complexe et réservé aux personnes spécifiquement formées aux pratiques et aux procédures du monde de l'informatique. Si l'on ajoute à cette évolution la diminution des coûts des ordinateurs et de ceux des communications téléphoniques, il est clair que la société de l'information sera rendue plus accessible à un nombre croissant d'usagers potentiels dans les pays développés et en développement. Lorsque l'on constate, dans ces pays, la croissance exponentielle de l'usage des téléphones portables et des antennes paraboliques, on comprend que l'usage d'Internet ou de ses descendants à plus hauts débits se répandra largement dans le monde. On passera alors des quelque 400 millions d'internautes attendus pour le milieu de l'année 2002 à près de 1 milliard vers 2005, soit un chiffre supérieur à celui des lignes téléphoniques en service aujourd'hui.

– Entre prévision et « boule de cristal », comment positionner la prospective ?

Aucune prévision d'ensemble ne paraît réaliste à plus de deux ou trois ans. Et chacun de ressortir les exemples de l'effondrement de l'ex-Union soviétique à la suite de la destruction du Mur de Berlin...

Certes, ces événements font l'Histoire. Mais écrire l'Histoire en parallèle avec la conduite de l'évolution ne représente plus la chasse réservée des politiques, des économistes, des industriels, voire des journalistes ou des sociologues. Il existe des lois naturelles encore plus fortes que celles qui régissent nos sociétés. Des lois auxquelles sont soumises toutes les organisations de la nature – celles que forment les molécules, les cellules, les insectes ou les hommes. Une meilleure connaissance de ces lois, avec lesquelles il est impossible de transiger, peut éclairer notre chemin. Cette connaissance est sur le point d'émerger. Elle jette les bases d'un compromis entre la gestion politique et économique traditionnelle du monde et son pilotage concerté à l'aide d'outils et de tableaux de bord, nés sous le regard unificateur des sciences de la complexité.

– Quel est le regard du prospectiviste sur sa discipline aujourd'hui ?

En ce début de 20e siècle, nous vivons en direct un véritable choc du futur. Il résulte principalement des progrès des sciences physiques et biologiques des trente dernières années. La physique et l'électronique ont conduit au développement de l'informatique et des techniques de communication. La biologie, aux biotechnologies et à la bio-industrie. Certes l'humanité a déjà connu de telles transitions historiques : la révolution agricole s'est déroulée sur plusieurs millénaires et la révolution industrielle a duré plus d'un siècle. Mais nous entrons maintenant dans la révolution de l'information et de la communication qui devrait s'opérer en quelques décennies. Ces évolutions conduisent à un accroissement de la complexité de la société et des organisations, systèmes et réseaux dont nous avons la charge. Une complexité qui défie nos méthodes traditionnelles d'analyse et d'action. Nous ne sommes pas préparés à de tels changements. Notre raisonnement face à la complexité reste analytique, notre vision du monde disciplinaire, nos connaissances, de nature encyclopédique. Nous continuons à extrapoler de manière linéaire les données du passé, alors que les évolutions que nous vivons sont non linéaires, exponentielles, en constante accélération. Pour les politiques, économistes, planificateurs et organisateurs du monde, la complexité des situations et des organisations est abordée avec des méthodes et des outils intellectuels inspirés de ceux du 19e siècle, en référence à des évolutions linéaires et homogènes, à un monde stable où les mêmes causes produisaient les mêmes effets. Or les effets rétroagissent désormais sur leurs causes !

Les processus, réseaux, systèmes s'enchevêtrent dans un maillage inextricable. Il nous faut donc de nouveaux outils, de nouvelles méthodes de pensée pour aborder une évolution dont nous sommes les acteurs principaux. Il importe de prendre du recul. De nous élever pour mieux voir, de relier pour mieux comprendre, de situer pour mieux agir...

L'ère de la réactivité : voir et entendre

Savoir, prévoir, mais aussi simplement surveiller sont les actions essentielles à la perception de son environnement. Il convient d'être perpétuellement aux aguets.

La Veille

La voie vers la connaissance n'est pas seulement une question de disponibilité de l'information (quatre millions de titres furent publiés entre 1982 et 1986), mais plutôt de capacité à investiguer. Il est devenu de plus en plus nécessaire, voire vital, d'extraire de la masse l'information réellement stratégique ou critique, comme le définit François Jakobiak. Une grande partie de l'information devient en effet inutile, parce que déjà intégrée à la base des connaissances de l'individu. Pour élargir cette base, il est essentiel d'utiliser des filtres de surveillance de l'environnement informationnel.

Dans un monde où les ingénieurs ne se satisfaisaient plus des interminables collectes d'informations de leurs documentalistes, la « veille », méthodologie née du bon sens scientifique, s'est donc imposée comme la réponse à cette paralysie moderne par l'analyse.

L'intérêt européen pour la technologie et pour la spécialité de l'entreprise les amena alors à développer la notion de *veille technologique*, née avec le XIe Plan du Gouvernement français, intitulé *Veille Technologique et Propriété Industrielle*, et avec les premières publications françaises sur le sujet, comme *Maîtriser l'Information Critique* de François Jakobiak en 1988[9] ou *La Veille Technologique, Concurrentielle et Commerciale* de Martinet et Ribault en 1989[10].

Quelques définitions qui ont fait école :

« Veille technologique : observation et analyse de l'environnement scientifique, technologique et économique de l'entreprise pour détecter les menaces et les opportunités de développement » – François Jakobiak[11].

« Utilisation de l'information à des fins stratégiques dans le but d'en tirer un avantage concurrentiel par rapport aux autres concurrents » – Emmanuel-Arnaud Pateyron[12].

« Moyen pour l'entreprise de faire émerger les éléments stratégiques de la masse d'informations disponible aujourd'hui. Ni espionnage industriel, ni réalisation d'un état de l'art purement spéculatif dans un domaine technique restreint, la veille est avant tout destinée à éclairer les responsables de l'entreprise dans la résolution des problèmes industriels auxquels ils sont confrontés » – Eric Werner et Paul Dagoul[13].

Très vite, les nouveaux managers comprirent les opportunités d'une telle démarche. Ce fut le cas dans des entreprises comme L'Oréal, EDF, Fleury-Michon, Teisseire, les Galeries Lafayette, Adidas, ou encore Renault qui dispose d'antennes à Tokyo et à Détroit (la *Twingo* et l'*Espace* sont, par exemple, des produits de la Veille). Solvay, Belgacom, Glaverbel. Le groupe Total Fina emploie pour sa part quarante personnes à temps plein pour la Veille.

Plus qu'une simple vue de l'esprit, la veille consiste en l'application d'une méthode qui nécessite plusieurs étapes de mise en place et d'utilisation. La Veille Technologique avait initialement pour but de surveiller l'une ou l'autre technologie et ses applications. Au fil du temps, cette méthode s'est élargie aux autres types d'informations telles que l'information concurrentielle, l'information juridique ou réglementaire ou encore les tendances de la Société. On parle alors de plus en plus de Veille Stratégique comme concept global. La méthodologie appliquée consiste à déterminer les grands domaines à surveiller, en fonction des compétences et des ambitions de l'entreprise ou de l'organisation. Pour chacun de ces domaines, on collectera un maximum d'informations pertinentes qui, soumises à analyse critique, permettront d'avoir une idée précise sur l'état de la situation, ses évolutions et les répercussions sur son propre environnement. Il ne s'agit pas d'une discipline révolutionnaire, mais d'une approche imprégnée de bon sens et d'un minimum d'organisation. Elle repose sur la mise en place d'une structure et sur la disponibilité de réseaux au niveau de la collecte, de l'analyse et de la communication.

En avril 1998, l'AFNOR (Association Française de Normalisation) alla jusqu'à proposer une norme (expérimentale) des « prestations de veille et prestations de mise en place d'un système de veille »[14]. Décriée par certains spécialistes qui ne conçoivent pas que l'on puisse standardiser une discipline aussi dépendante des conditions d'application, la norme a au moins le mérite de proposer une terminologie commune et un cadre pour les relations entre prestataires et clients.

Un exemple de veille en entreprise : la boulangerie Zeimet[15]

Depuis plusieurs années, le Centre de Veille Technologique (Centre de Recherche Publique Henri Tudor, Grand-Duché du Luxembourg) aide des PME à mettre en place des projets de veille.

Récemment, il accompagna une boulangerie familiale dans un tel projet. L'entreprise est essentiellement active sur le plan national, mais exporte aussi une partie de sa production vers d'autres pays européens. Face à la concurrence d'acteurs de grande taille, ce genre d'entreprise a toutes les raisons de chercher à prévenir les éventuelles menaces, mais aussi à détecter des opportunités.

Avant tout, la boulangerie a dû s'habituer à une nouvelle culture de l'information : un meilleur partage, une circulation plus efficace et l'utilisation de ressources parfois négligées. Un audit sur les habitudes informationnelles a amené les partenaires à mettre en place un système simple de collecte de l'information informelle, à former les dirigeants à l'exploitation de sources d'informations industrielles, à organiser des séminaires de sensibilisation pour l'ensemble du personnel et à rechercher des informations sur les procédés de fabrication et de conservation. Les résultats de cette démarche furent l'intégration de nouvelles techniques, l'identification d'innovations potentielles et l'accroissement du pouvoir de négociation du chef d'entreprise avec ses clients et ses fournisseurs. Cette boulangerie familiale est donc devenue une entreprise à la pointe de son secteur, en étant désormais capable de réagir par rapport à son environnement.

5 questions à ... François Jakobiak

Consultant en information stratégique, créateur de la société Existrat, conférencier, chargé de cours dans plusieurs universités et grandes écoles et auteur de nombreux ouvrages de référence en veille et intelligence économique : *Pratique de la Veille Technologique*[16], *Exemples commentés de Veille Technologique*[17], *L'Intelligence économique en pratique*[18], etc.

– En tant que pionnier de la « veille », comment analysez-vous aujourd'hui son histoire et l'impact qu'elle peut avoir sur la stratégie d'une entreprise ?

L'histoire de la veille, à laquelle je continue à participer activement, est une belle aventure qui a permis une exploitation rationnelle de l'information, suivie d'un usage offensif de cette information. L'impact que peut avoir la veille sur la stratégie d'une entreprise dépend avant tout de la volonté du chef d'entreprise. Mon expérience m'a montré, et me montre encore, que les chefs d'entreprise qui ont cette volonté font largement appel à leur réseau de veille si celui-ci est compétent, dynamique et efficace. On constate aussi que la condition du succès réside en une bonne entente entre le marketing et la R&D.

Si le responsable de la veille n'est pas à un niveau hiérarchique suffisant, l'impact que peut avoir cette veille sur la stratégie de l'entreprise est forcément limité. Ce cas est fréquent et la veille, au lieu d'être destinée aux décisions stratégiques de la Direction générale, se limite alors à une bonne diffusion d'informations au « middle management » des chercheurs, producteurs, concepteurs... Ce qui n'est déjà pas si mal, penseront certains.

J'ajoute que sur l'ensemble des expériences d'implantation de veille que j'ai conduites, 85% ont été des réussites et 15% des échecs. Dans ces derniers cas, c'est la conviction insuffisante de la Direction générale ou l'absence de coordination marketing-R&D qui expliquent l'absence de réussite.

– Vous avez écrit de nombreux ouvrages sur l'information, la veille et l'intelligence économique. Comment positionneriez-vous ces différents concepts ?

Comme je l'ai dit dans *Maîtriser l'information critique*, dès 1988, l'information est un terme un peu trop « vide-poche ». Informer, c'est apprendre mais c'est aussi avertir ou aviser ; c'est éclairer ou éclaircir ; c'est enseigner ou instruire ; c'est encore notifier ou prévenir ; enfin, c'est (surtout) renseigner.

Mais l'information n'est pas seulement l'action de s'informer ou d'informer... C'est également : le renseignement fourni (le tuyau), les renseignements fournis (l'investigation), l'ensemble des informations !

Ainsi l'information est à la fois l'élément d'un ensemble et l'ensemble lui-même. C'est une denrée très spéciale, multiforme, floue, vague à souhait, qui peut être, à volonté, générique ou spécifique et qui n'est en définitive utilisable que si on lui adjoint un ou plusieurs adjectifs qualificatifs ou un complément de nom.

En 2001, je persiste et signe : ce qui nous intéresse, c'est l'information professionnelle, celle qui nécessite, pour être comprise, interprétée et utilisée, de la compétence dans le domaine concerné. On pourra parler d'information scientifique et technique, d'information technologique, d'information financière, ou même d'informations de contrainte (réglementaire et juridique, d'environnement et de sécurité, etc.). Ce sont tous les types d'information professionnelle que nous prenons en compte en veille et en intelligence économique !

– Quels seraient les conseils que vous donneriez à un chef d'entreprise qui, sensibilisé à la veille, ne saurait pas comment se lancer ?

Il devra choisir entre l'approche systématique et l'approche pragmatique. Cette dernière est recommandée lorsque quelques sujets seulement sont à surveiller. La méthode la plus légère est celle des grilles de programme, développée dans mon dernier ouvrage et créée, en juin 2000, dans le cadre du CERE (Chaire Européenne de Recherche et Enseignement) à Aix-en-Provence, dans un cycle de formations pour les PME.

La grille de programme 5W-1H (également développée dans cet ouvrage) peut être très utile pour bien poser le problème, sujet par sujet.

– Quel est le fait, projet ou idée qui vous aura le plus marqué dans le domaine de la veille ?

Il est très difficile de répondre à cette question. Après treize ans de veille et d'intelligence économique, plus de 1 500 interventions d'1h30, plus de 13 000 personnes touchées par mes cours, conférences ou séminaires, des consultations dans une trentaine de sociétés, 600 000 kilomètres parcourus en France, Europe, Amérique, Asie, Afrique, comment pourrais-je retenir un fait, un projet ou une idée ?

Les faits les plus intéressants ? Ils sont presque toujours couverts par des contrats de confidentialité et je ne peux les dévoiler. On met ici le doigt sur la nécessaire discrétion qui entoure notre activité. Et plus nous avons l'expérience de notre activité, plus nous devenons discrets. J'ai beaucoup apprécié deux cas où l'on m'a demandé de revenir deux ou trois ans après mes premières interventions pour passer à la phase ultérieure : de la *veille technologique* à la *veille concurrentielle*, de celle-ci à *l'intelligence économique*.

En qualité d'enseignant, je constate également avec plaisir que des jeunes, parmi mes anciens étudiants, prennent allègrement le relais.

J'ai eu la joie de retrouver, intégrée dans l'activité économique, à Alger, une des anciennes du DESS d'informatique documentaire de Lyon, puis, à Pékin, un jeune chinois de même origine, puis à Rio de Janeiro, deux anciens du DEA de Veille Technologique d'Aix-Marseille. Et ne parlons pas des e-mails provenant de Tokyo, de Boston ou de Sao Paulo (anciens du DESS Veille Stratégique du CFJM de Rennes) montrant que ces étudiants sont parfaitement intégrés dans des dispositifs de veille ou d'intelligence économique.

– Comment voyez-vous l'évolution ? Quels sont les domaines qui, selon vous, devraient émerger ces prochaines années ?

Je proclame que je ne suis ni un sorcier, ni un oracle, mais un réducteur d'incertitude. Je serai donc très prudent dans mes prévisions.

Je pense que c'est sur le développement des NTIC (Nouvelles Technologies de l'Information et de la Communication) que nous devons être vigilants et attentifs. La captation puis l'exploitation de l'information informelle étant, à mon avis, fondamentales, les outils basés sur la numérisation généralisée auront une importance essentielle : saisie vocale, utilisation généralisée de liaisons sans fil et d'agents personnels universels...

J'ajouterai qu'une utilisation judicieuse et évoluée d'Internet et des systèmes de visualisation comme la cartographie (*maping*) permettra une meilleure compréhension de volumes importants d'informations à analyser puis à synthétiser. Il faut bien voir que le problème consiste et consistera toujours à créer des outils d'aide à la prise de décisions stratégiques. Le *knowledge management* ou le *data mining* peuvent certes être employés mais ne doivent pas masquer ce problème clé.

Le Benchmarking

Cette volonté de tirer profit de l'information existante pour en déduire des conclusions a donné lieu au développement de nouvelles techniques comme le **benchmarking**.

Parfois traduit par « étalonnage concurrentiel », le benchmarking a été imaginé par Xerox lorsqu'une étude de marché fit apparaître une chute des parts de marché de 82% en 1976 à 41% en 1986. L'analyse montra qu'au bout du compte, les concurrents de Xerox vendaient leurs machines au prix de fabrication de Xerox[19]. L'idée fut alors de se situer par rapport aux meilleurs en partant des éléments clés comme les techniques de production, les composants utilisés, etc.

Cette technique a depuis été généralisée et est entrée dans les mœurs de nombreuses entreprises qui veulent se positionner par rapport à leurs concurrents, en percevant points forts et points faibles. Le véritable défi consiste surtout à fixer les éléments à comparer et les indicateurs d'évaluation. Elle peut également être appliquée entre des entreprises aux marchés totalement différents lorsque la « société-étalon » est reconnue comme leader dans une fonction précise : la logistique d'Apple, le marketing de Microsoft, la production d'IBM…

L'ère de l'activité : réfléchir et agir

L'information brute doit encore être travaillée, gérée et traitée. De la matière première, tout l'art sera d'extraire des trésors de connaissance.

L'Intelligence économique

Les approches et les cultures liées à l'évolution de l'information furent néanmoins très différentes d'un continent à l'autre. D'un côté, une approche européenne continentale que nous appellerions de type « Bottom up », plus orientée vers les produits, les technologies et le savoir-faire de l'entreprise ;

et d'un autre, une vision américano-japonaise de type « Top down », centrée sur le marché et l'environnement concurrentiel. Une telle différence d'attitudes s'explique principalement par les profils industriels de chacune des parties. L'économie européenne est essentiellement basée sur les petites et moyennes entreprises. Près de 93% des sociétés européennes comptent moins de dix employés, alors que cela ne représente que 78% des entreprises américaines. Les grandes sociétés de plus de 500 personnes concernent moins d'un tiers des emplois en Europe, tandis qu'elles occupent près de la moitié de la population des États-Unis (source : OCDE).

On peut noter la même différence d'attitude vis-à-vis des dépenses en matière de recherche et développement. En Europe, elles concernent préférentiellement la recherche. Aux États-Unis et au Japon, une grande partie de ces investissements est placée dans le développement. L'approche orientée « technologie » ou « service » pour les premiers et celle orientée « marché » ou « environnement concurrentiel » pour les autres se rejoignent néanmoins au niveau de l'intérêt inévitable pour tout ce qui touche le secteur d'activité de l'entreprise.

Parallèlement au développement de la veille en Europe, les mentalités américaines et japonaises, plus attirées par l'environnement « marché », se tournèrent naturellement vers le concept de « Competitive Intelligence », que l'on pourrait traduire par renseignement concurrentiel. Ce fut l'époque de la création de la « Society of Competitive Intelligence Professionals » (SCIP), association de professionnels de ce domaine en émergence.

En France, le concept d'Intelligence est repris en 1994 dans le rapport du Commissariat du Plan, « Intelligence économique et compétitivité des entreprises » (XIe Plan). L'Intelligence économique y est définie comme « l'ensemble des actions coordonnées de recherche, de traitement et de distribution en vue de son exploitation, de l'information utile aux acteurs économiques ».

La norme AFNOR, citée ci-dessus[20], reprend cette définition tout en précisant que « ces diverses actions sont menées légalement avec toutes les garanties de protection nécessaires à la préservation du patrimoine de l'organisme, dans les meilleures conditions de qualité, de délais et de coût ». Il s'agit donc d'une prolongation de la veille puisqu'elle se propose d'intégrer les finalités économiques des enjeux de l'entreprise et de lier information et acteurs. L'Intelligence économique va plus loin en fusionnant les fonctions de veille, d'analyse de marchés, de management stratégique et de gestion commerciale.

Comme le notent Yves-Michel Marti et Bruno Martinet[21], le terme « intelligence » a été préféré à celui de « veille » parce qu'il a des connotations moins passives. L'intelligence en tant que faculté intellectuelle est souvent définie comme la capacité à s'adapter à son environnement. La méthodologie de l'Intelligence économique est très proche de celle de la veille et se base essentiellement sur des étapes de surveillance et d'exploitation de l'information. Pour cela, on peut faire appel à des outils très simples, mais très performants.

Citons quelques exemples :

- **les plans de renseignement**[22], qui impliquent une décentralisation de la recherche et de la collecte d'information, essentiellement informelle. Chaque groupe d'experts, par produit, procédé ou stratégie, a la responsabilité de son plan de renseignement : liste des correspondants, sujets prioritaires, formulaires de captation (intitulé, texte, degré de validité, date, code correspondant), règles de mémorisation (stratégie de stockage de l'information) et règles du jeu (limites à ne pas franchir).
- **les fichiers relationnels**[23] relatifs aux sociétés ou aux spécialistes. Ce sont des outils de synthèse des relations existant entre sociétés, acteurs, produits, clients, fournisseurs, etc.
- **les « War Rooms »** sont des lieux où l'on rassemble toute l'information utile à la décision dans le cadre d'un projet ou d'une stratégie spécifique. L'idée est d'inscrire sur des posters thématiques l'essentiel des informations. Cette technique permet d'identifier rapidement les connaissances et les lacunes et de faire intervenir « à chaud » des experts ou acteurs en contact direct avec cet environnement informationnel stratégique.

Ces dernières années, l'information est apparue comme une ressource essentielle, à savoir la matière brute de l'innovation, pour reprendre le Livre Vert de la Commission européenne en 1995[24] et le Plan d'Action qui en a découlé l'année suivante. Dans ce *Livre Vert sur l'Innovation*, plusieurs pistes d'action furent suggérées pour favoriser la relance économique par l'imagination. Parmi celles-ci, notons l'appel au développement de la veille et de la prospective technologiques et des actions d'intelligence économique, « outils stratégiques d'aide à la décision dans un contexte de mondialisation des échanges et d'émergence de la Société de l'Information ».

Un exemple d'intelligence économique en entreprise : DAIMLER-CHRYSLER AEROSPACE AG[25]

Pour atteindre certains objectifs, la filiale aérospatiale de Daimler-Chrysler a mis en place une structure définie comme un processus systématique d'observation et d'évaluation des concurrents : collecte, analyse, synthèse et interprétation. Les objectifs de cette structure sont :

- être plus rapide que les concurrents par un comportement pro-actif,
- appuyer les décisions stratégiques par de l'information pertinente et actualisée,
- identifier les forces et les faiblesses, ainsi que les opportunités et les risques.

Cette structure devait également permettre de répondre à certains manques ou dysfonctionnements :

- utilisation de bases de données différentes, en relation avec l'exploitation de sources différentes,
- pas ou peu d'échange de connaissances,
- démotivation due à l'absence de feed-back,
- manque de suivi dans l'observation et l'évaluation des concurrents,
- manque de bon sens dans la sélection des informations à collecter.

Dans ce cadre, quatre groupes de travail (*space, aircrafts, defence, propulsion*) sont constitués. Leur rôle est d'assurer une observation continue des concurrents, ainsi que l'évaluation de leurs activités, d'identifier les expertises dans chaque *business unit*, d'initier les échanges d'information et de connaissances et de mettre à disposition de nouvelles connaissances sur base des échanges entre les business units et le top management. Ces échanges se déroulent au cours de tables rondes trimestrielles, où sont réunis les quatre groupes et les unités complémentaires (*Corporate strategy, Marketing, Production*), qui servent de lien entre les business units et le top management.

La procédure à suivre par les différents groupes de travail passe par les phases suivantes :

- la définition des domaines d'observation des concurrents et l'élaboration d'une check-list,
- l'application de la check-list pour réduire la surcharge informationnelle et l'identification des événements et tendances chez les concurrents,
- l'échange (via e-mail, intranet) et le stockage (bases de connaissances) de l'information importante,
- l'identification et la discussion des événements critiques, ainsi que l'analyse et l'évaluation des influences possibles sur la branche d'activité ou sur la société,
- la prise en compte des résultats dans le processus de planification stratégique.

5 questions à ... Yves-Michel Marti

Diplômé de l'INSEAD, co-fondateur de SCIP France, ancien collaborateur de grandes entreprises comme Dassault Électronique ou Hewlett Packard, fondateur de la société Egideria, expert, conférencier et co-auteur du *livre de référence* en matière d'Intelligence économique, désigné par ailleurs « best european management book » par le *Financial Times* en 1996.

– Co-auteur d'un ouvrage de référence en matière d'Intelligence économique[20]*, vous avez participé à son émergence au sein des entreprises. Comment analysez-vous aujourd'hui cet apport ?*

On commence tout juste à être capable de mesurer les retours d'investissements de l'Intelligence économique. Premier exemple, une veille concurrentielle ciblée a évité à un groupe industriel d'investir 20 millions d'euros dans l'augmentation de capacité d'une usine obsolète. Une veille commerciale sur l'état d'esprit du comité exécutif d'un grand client a permis à un groupe financier de préserver 50 millions d'euros de marge annuelle. Les sociétés, qui engrangent des succès grâce à l'Intelligence économique, ont tendance à rester discrètes et à ne pas s'en vanter. Néanmoins cette démarche se généralise.

– Quels sont les contraintes et conditions initiales pour la mise en place d'un système d'Intelligence économique ?

Avoir un patron combattant (et non pas diplomate ou politicien). Avoir un homme de confiance, proche du patron qui prend le problème à bras le corps.

– Vous avez, à plusieurs reprises, vanté les mérites des « War Rooms », technique souple et efficace. Est-elle bien utilisée par les entreprises et exige-t-elle des compétences particulières ?

Le groupe Dupont de Nemours pratique les War Rooms depuis les années 20. La division Lucas de l'équipementier automobile Delphi utilise systématiquement les War Rooms pour les appels d'offre compétitifs. Les exemples sont nombreux. On peut réussir des War Rooms avec des gens de compétences très diverses. Les conditions requises sont simplement d'avoir une question brûlante, un bon chef de projet et de la méthode.

– Quels sont les plus grandes réussites en matière de systèmes ou de projets d'Intelligence économique ?

À la suite d'une démarche d'Intelligence économique, le Groupe Amoco a décidé qu'il devait être prudent dans ses investissements sur la Chine. En conséquence, ils n'ont budgété qu'un milliard de dollars d'investissements au lieu des dix initialement prévus. L'étude qui aura mené à cette décision a coûté moins de 100 000 dollars. Il est difficile de faire mieux comme retour d'investissement !

– Comment voyez-vous l'avenir de l'Intelligence économique ?

L'Intelligence économique va cannibaliser une partie du marché de la consultance en stratégie. Au lieu de « gamberger » sur des données fausses, les décideurs vont s'apercevoir que la réflexion est grandement simplifiée lorsqu'on a les bonnes informations. On fait en effet l'économie de schémas stratégiques compliqués reposant sur des hypothèses non validées. Dans les entreprises, le responsable de l'Intelligence économique prendra autant d'importance que le patron de la stratégie.

La Business Intelligence

Parallèlement, des techniques similaires se sont développées en matière de données chiffrées. On parle alors de **Business Intelligence** dont les principaux objectifs sont de fournir, à partir de données :

– une aide pour la mesure des performances,

– un appui à la stratégie.

Cette méthode ajoute en fait, au système opérationnel et transactionnel de l'entreprise, y compris aux ERP (Entreprise Resource Planning), une phase d'analyse plus ou moins évoluée et des possibilités d'aide à la décision.

En effet, toute une série d'outils vont permettre au(x) décideur(s) de disposer d'un « tableau de bord » afin d'interpréter, évaluer et contrôler un enesmble d'éléments, ce qui lui permettra de siposer d'une vue spécifique et multidimensionnelle.

Le processus

Le processus adopté dans ce cadre est basé sur différentes phses successives :

* Collecte des données à traiter : data warehousing, sorte d'entrepôt de données comme celles figurant sur les tickets de caisse d'un grand magasin

* Extraction et traitement des données : data mining

* Interprétation des données analysées : query & reporting, OLAP (online analytical process)... consistant à mettre en forme les différentes vues sur les données et leurs corrélations.

Ces techniques permettent d'avoir une vue spécifique et multidimensionnelle sur un ensemble d'éléments à analyser (exemple : voir ce que le client C a commandé pour la Belgique au mois d'octobre).

Un exemple de Business Intelligence en entreprise : SAFEWAY PLC[23]

Safeway est une des plus importantes chaînes de magasins d'alimentation en Grande-Bretagne. Ils y furent les premiers à stocker les informations relatives aux transactions effectuées par leurs clients.

Une telle ambition revient à traiter des dizaines de gigabytes de données pour identifier et cibler les habitudes de près de 6 millions de consommateurs. Le système a été basé sur la technologie IBM (DB2, Intelligent Miner, etc.).

Le projet a permis de déterminer quels sont les produits achetés, mais aussi quels sont ceux qui sont achetés conjointement, d'où une publicité mieux ciblée avec un taux de réponse de 59% au lieu des 2 à 10% habituellement acquis (sans oublier la réduction des frais de poste).

Les calculs de corrélation ont ainsi pu mettre, par exemple, en évidence que huit marques de jus d'orange, parmi les vingt-huit disponibles, étaient plus particulièrement demandées. Cette constatation a donné lieu à une adaptation des stocks et une optimisation des ventes de ce produit.

L'ère de l'interactivité : partager et collaborer

Le Knowledge Management

La gestion des connaissances est sans doute l'ambition la plus audacieuse de notre époque. Est-il en effet réaliste de vouloir à tout prix collecter, analyser et utiliser l'expertise, le savoir-faire et l'expérience des êtres humains ?

Si la veille représente les yeux et les oreilles de l'entreprise, le Knowledge Management serait son cerveau et sa mémoire. Alain Godbout[24] le définit comme la mise en place d'un ensemble de processus opérationnels qui visent à soumettre la ressource qu'est la connaissance à un cycle de gestion comprenant des activités de planification, d'organisation, de décision, de contrôle et de coordination. Pour y arriver, de nombreux acteurs rivalisent d'imagination. Parmi eux, Lotus et IBM favorisent les technologies qui ont pour but de localiser la bonne personne et/ou de fournir un accès à l'information la plus critique. Pour Microsoft, le « KM » est une discipline du management qui considère le capital intellectuel comme un élément de gestion, comme le carburant de la pensée. Et il n'est pas étonnant que ces grands acteurs des technologies de l'information s'intéressent à cette périlleuse discipline lorsque l'on sait que les « Knowledge Workers » consacrent 60% de leur temps à rechercher et valider l'information, 18% à produire des rapports et 22% à d'autres tâches (source EDS). De plus, dans 95% des cas, la recherche personnelle d'information est un échec et conduit à s'adresser à un collègue qui, neuf fois sur dix, a la bonne réponse. Tout cela explique que, pour beaucoup, l'ingénierie des connaissances est considérée comme une science du futur.

Parmi les techniques KM les plus utilisées pour répondre à ces besoins d'accès rapide et efficace à la connaissance, citons :

- **les bases de connaissances** : bases de données ayant pour objectif de recueillir la formalisation des expertises de la manière la plus complète qui soit ;
- **les systèmes de partage de l'information,** « action volontaire et non naturelle de rendre l'information disponible aux autres ». Cela nécessite le franchissement d'un obstacle de taille : l'idée, justifiée ou non, que disposer de l'information est synonyme de puissance et que l'information est en réalité l'affaire de tous.

Pour faire circuler l'information au sein de l'entreprise elle-même, il existe plusieurs alternatives, faciles à mettre en place :

- le journal d'entreprise,
- les animateurs dont le rôle essentiel est de circuler dans la société pour assurer le lien entre les entités,
- les lieux de circulation de l'information,
- les comptes rendus de visite,
- les séminaires internes, etc.

Exemple de partage d'information : le Customer Suppport Consortium et l'Info Trading

Alliance de 66 sociétés visant à offrir un seul interlocuteur à des clients ayant acheté plusieurs produits associés. Prenons par exemple, le cas typique du client ayant un PC IBM, un système d'exploitation Microsoft et un réseau Novell.

Ce système mise sur deux grands types d'échange :

- **les « Retours sur expérience »** : consistent à retenir les leçons du passé. Tout événement est mémorisé de manière à faire profiter chaque membre de l'entreprise du chemin parcouru et éviter ainsi de reproduire des schémas existants, par exemple rechercher la solution d'un problème déjà résolu par ailleurs.

– **les « Arbres de connaissances »**[25] ou de compétences : il s'agit d'une représentation graphique qui tient compte des niveaux de généralité et de spécificité des différentes compétences. Le tronc représente les compétences partagées par la majorité, les branches celles de services spécialisés comme le marketing, la comptabilité… jusqu'aux feuilles qui sont les compétences propres à certains experts.

Un exemple de Knowledge Management en entreprise : British Gas Technology[26]

Le système de gestion des connaissances imaginé pour BG Technology a été conçu suivant un schéma évolutif en trois phases. Dans un premier temps, le projet consista à établir des liens entre les équipes et les communautés d'intérêt. Pour appuyer cette volonté, un intranet fut mis en place afin d'optimiser le partage et la diffusion des informations, tant d'un point de vue local que global. La seconde étape revint à développer une véritable banque de connaissances : une collection coordonnée et mise à jour des informations de référence, validées par les experts et facilement accessibles. La dernière étape eut pour objectif de dépasser la simple mise à disposition d'informations en utilisant les techniques modernes d'extraction et d'analyse, comme la cartographie, et en transformant l'information brute en information élaborée.

5 questions à … Karl-Erik Sveiby

Créateur de la société de consultance « Sveiby Knowledge Associates » (Suède), professeur honoraire de la « Macquarie Graduate School of Management » de Sidney et auteur de nombreux ouvrages sur le Knowledge Management dont *The New Organization Wealth : Managing & Measuring Knowledge-based Assets* (Berett-Koehler, 1997), traduit en huit langues.

– Comment pourriez-vous définir le « knowledge management » et ses limites ?

Lorsque vous partagez votre argent ou votre nourriture avec quelqu'un, il s'agit toujours d'une opération blanche, vous perdez ce que l'autre gagne. C'est différent pour ce qui concerne les avantages intangibles : la connaissance croît avec son partage ! Ce simple constat est fondamental pour le management à une époque où la connaissance est devenue la plus importante ressource. Chaque fois qu'il y a un flux de connaissance entre des personnes dans votre organisation, vous doublez cette ressource. Ajoutez à cela un simple fait : les êtres humains ont une capacité infinie à créer de la connaissance. Cela signifie que, dans un environnement adapté, les employés deviennent des créateurs de revenus, et non plus seulement des sources de coûts.

Les flux de connaissance intangible deviennent dès lors plus importants pour le succès d'une entreprise que les flux tangibles de biens et d'argent. Dans un monde où les clients sont plus intéressés par la connaissance et les bénéfices intangibles que par les produits tangibles, la relation avec la clientèle devient un partenariat et la fourniture de produits devient la création commune de solutions. La connaissance opère donc dans les deux sens : le fournisseur apprend autant que le client. Les clients apportent plus que des revenus financiers, ils apportent aussi des bénéfices intangibles : des idées de produits, de la veille concurrentielle, du feed-back, des références, etc.

Nous le savons tous bien sûr. Mais essayons-nous véritablement de mesurer ces revenus intangibles ? Les gérons-nous consciemment ? Les intégrons-nous dans un plan stratégique ? Si oui, nous avons franchi les premières étapes vers une organisation mieux orientée vers la connaissance. Pour cela, il faut considérer sérieusement l'intangible et voir l'organisation comme une somme d'atouts immatériels et de flux de connaissances entre elles. C'est cela le KM : l'art de créer de la valeur à partir de cet intangible.

– Pouvons-nous dire que le KM est une science avec ses outils et ses experts ?

Non, le KM n'est pas une science, en tout cas pas encore, mais il y a des outils, des principes et des experts.

– Comment voyez-vous le « knowledge manager » moderne ?

Ce sera le CEO (Chief Executive Officer) lui-(ou elle-)même.

– Quels sont les principaux projets KM que devrait initier une jeune entreprise ?

Examiner quels sont ses avantages intangibles et comment tirer de la valeur de chacun d'eux.

– Comment voyez-vous l'avenir du KM ?

Le KM, tel qu'il est pratiqué et mis en place dans la plupart des entreprises aujourd'hui, en est encore à ses balbutiements. C'est une combinaison de technologies de l'information et d'un peu d'ingénierie sociale persuasive. C'est uniquement superficiel.
Les bénéfices seront moindres par rapport à l'énorme potentiel des atouts intangibles qu'une approche orientée vers la connaissance peut apporter.

Le développement le plus encourageant aujourd'hui est que les sociétés dépassent les solutions technologiques et commencent à comprendre que le KM est une toute nouvelle approche pour faire du business dans l'ère de la Connaissance. Personne ne peut prédire l'avenir, mais il est facile de voir qu'un « nouveau monde » se crée – un nouveau paradigme. Le « Knowledge Management » y émerge et si ce n'est pas un terme idéal à utiliser, nous pouvons dire comment cette nouveauté se nommera. Après tout, le rapide changement du monde économique, à la fin du 18e siècle, ne fut appelé « Révolution Industrielle » que cent ans plus tard.

L'Écologie de l'Information

La plupart des projets informatiques visant à construire des systèmes d'information de plus en plus ambitieux se sont bornés aux aspects techniques au détriment des impacts organisationnels et humains, comme le révèlent les résultats d'une étude menée par le Center for Business Innovation d'Ernst & Young[27]. On y remarque un décalage certain entre d'une part, l'équilibre souhaité entre potentiel humain, organisation et technologie et d'autre part, la réalité sur le terrain. Les obstacles jugés comme les plus importants au transfert des connaissances dans l'organisation sont la culture, le manque d'implication du top management et de compréhension des stratégies. De la même manière, la modification des comportements individuels et la mesure de la valeur des connaissances sont les principales difficultés rencontrées dans le cadre d'une volonté de gestion des connaissances au sein de l'entreprise. C'est également sur la base de ces constats que Thomas H. Davenport[28] imagina son concept d'écologie de l'information. Ce spécialiste des technologies de l'information eut le mérite de s'interroger sur la cause de l'échec, ou du moins de la réussite partielle, de la plupart des grands projets informatiques. Sa réflexion l'amena à critiquer le rôle prépondérant des technologies sur l'homme et l'action. S'inspirant de l'écologie, étude des interactions entre les organismes et leur environnement, il bâtit les fondations de « l'écologie informationnelle » : une approche des interactions des êtres vivants, et plus particulièrement des êtres humains, avec leur environnement informationnel. L'informatique ne devient plus un but en soi, mais un moyen, parmi d'autres, de participer à ces interactions.

L'ère de la synergie : intégrer et corréler

Notre actuelle « société de l'information » est surtout une « société de l'informatique », celle du traitement automatique de l'information. Plutôt que de se substituer à l'intelligence individuelle ou collective, elle contribue à la valorisation de l'information, mais aussi à son inflation. Et cet état n'est pas sans risque car il ranime un vieux débat initié par René Descartes et Baruch Spinoza sur la manière dont les gens perçoivent une proposition et sur les bases qui les poussent à l'accepter ou la rejeter[29]. Descartes suggéra que, lorsque nous sommes confrontés à une proposition, nous la comprenons dans un premier temps et ensuite, soit nous l'acceptons, soit nous la rejetons, Spinoza suggéra au contraire que nous comprenons et acceptons simultanément la proposition et, seulement ensuite, si nous avons le temps, nous sommes capables de ne pas l'accepter. Cela signifie que le rejet est un acte psychologique secondaire. Les expériences psychologiques ont prouvé que c'est l'hypothèse de Spinoza qui est correcte. Ainsi donc, dans le cas d'une surcharge informationnelle, nous avons rarement le temps de critiquer l'information et d'en envisager la validité. Ne devrait-on donc pas parler d'une « nouvelle » société de l'information ? Celle, comme le suggère Luc De Brabandere[30], dont le véritable défi ne serait plus de rassembler de l'information, mais d'être capable de la jeter ; et pour laquelle, apprendre ne serait plus accumuler, mais éliminer. C'est bien une nouvelle société que décrit le prospectiviste Alvin Toffler qui la définit comme la quatrième vague, celle qui suit la vague de la société de l'information, la rencontre entre le monde des technologies de l'information et celui issu de la révolution biologique. Comme il le précise, nous sommes en effet confrontés de toute évidence à de nouveaux paramètres. La source de l'affaire Lewinsky, par exemple, n'est finalement qu'un fait initialement relaté dans un journal électronique créé par un individu isolé, Matt Drudge[31]. En fait, cette nouvelle société serait capable de gérer le paradoxe que crée le besoin d'une information exhaustive et critique. C'est là toute la puissance de la gestion des connaissances : trouver un équilibre entre ce que l'on sait, ce que l'on observe et ce que l'on imagine. Elle n'échappe pas au paradoxe : gérer l'ingérable. Ce nouveau monde est à l'origine d'une nouvelle discipline, **l'Intelligence stratégique**, que nous définirions comme une approche globalisante au carrefour des aspects **réactifs** (surveillance de l'environnement externe ET interne), **actifs** (gestion des connaissances) et **proactifs** (réflexion prospective), au travers de méthodes, techniques ou technologies qui permettent d'assumer la mission d'information stratégique au sein d'une entreprise ou d'une organisation. Autrement dit, il s'agit de coordonner les activités de veille, de circulation de l'information, de partage des connaissances et de prévision des événements.

Δ

1. Gattaz, Yvon, *La Fin des Patrons*, Éd. Robert Laffont, 1980.

2. Dyson, George B., *Darwin among the Machines : the evolution of global intelligence*, Addison-Wesley, 1997.
3. Kervern, George-Yves, *Éléments fondamentaux des Cindyniques*, Économica, 1995.
4. Godet Michel, *Manuel de Prospective Stratégique – Tome 1 : une indiscipline intellectuelle & Tome 2 : l'art et la méthode*, Dunod, 1997.
5. *In* IPTS Report N° 26, juillet 1998.
6. de Rosnay, Joël, *L'homme symbiotique : regards sur le troisième millénaire*, Le Seuil, 1995.
7. de Rosnay, Joël, *Le Macroscope* : vers une vision globale, Le Seuil, 1975.
8. de Rosnay, Joël, Coppens Yves, Reeves Hubert et Simmonet Dominique, *La plus belle histoire du monde*, Le Seuil, 1996.
9. Jakobiak, François, *Maîtriser l'information critique*, Éditions d'Organisation, 1988.
10. Martinet, Bruno et Ribault Jean-Marie, *Veille technologique, concurrentielle et commerciale*, Éditions d'Organisation, 1989.
11. Jakobiak, François, *Maîtriser l'information critique*, Éditions d'Organisation, 1988.
12. Pateyron Emmanuel-Arnaud, *La Veille Stratégique*, Éditions Économica, 1999.
13. Werner, Eric et Dagoul, Paul, *La Veille Technologique : un nouveau métier de l'entreprise*, La Recherche, vol.25, nr 269, octobre 1994.
14. Norme AFNOR XP X 50-053.
15. Quazzotti, Serge, Dubois, Cyril, Dou, Henri, *Veille technologique : guide des bonnes pratiques en PME/PMI*, Commission européenne, 1999.
16. Jakobiak, François, *Pratique de la Veille Technologique*, Éditions d'Organisation, 1990.
17. Jakobiak, François, *Exemples commentés de Veille Technologique*, Éditions d'Organisation, 1992.
18. Jakobiak, François, *L'Intelligence Économique en pratique*, Éditions d'Organisation, 2001.
19. Camp, Robert C., *Le Benchmarking*, Éditions d'Organisation, 1992.
20. Norme AFNOR XP X 50-053.
21. Marti, Yves-Michel, Martinet, Bruno, *L'Intelligence Économique : les yeux et les oreilles de l'entreprise*, Éditions d'Organisation, 1995.
22. Camp, Robert C., op. cit.
23. Idem.
24. Commission européenne, *Livre Vert sur l'Innovation*, Office des Publications Officielles des Communautés Européennes, 1995.
25. 4th annual SCIP European Conference, Amsterdam, novembre 1999.
26. *In* Knowledge Management Review, Ark Publishing.
27. Godbout, Alain, *Une approche intégrée pour bien gérer les connaissances*, www.magi.com/~gobout/, février 1997.
28. Les « Arbres de connaissances » : marque déposée par la société TRIVIUM.
29. Conférence KM 2000, Bruxelles, avril 2000.
30. Étude réalisée par le Center for business Innovation (Cap Gemini-Ernst & Young.), février 1997.
31. Davenport, Thomas H., *Information Ecology : mastering the information and knowledge environment*, Oxford University Press, 1997.
32. Schenk, David, *Data Smog : surviving the information glut*, Harper Edge, 1997.
33. De Brabandere, Luc, *Le management des idées*, Dunod, 1998.
34. Entretien avec Alvin Toffler, À bout portant, *Le Soir*, 6 janvier 1999.

– 2 –
La boîte à outils

La recherche d'information

Les répertoires de recherche

Appelés aussi annuaires ou index, ils fonctionnent selon le même principe que les pages jaunes : l'information est regroupée « humainement » en grandes catégories. Chaque thème est divisé en rubriques et sous-rubriques, selon une structure arborescente.

Les moteurs de recherche

Chaque site est une collection de pages en format HTML liées entre elles par des hyper-liens, liens virtuels qui vous permettent de naviguer d'une page à l'autre. Une page a une structure bien définie : l'une cachée, l'autre étant celle qui s'affiche sur votre écran. Dans la partie cachée, figurent un titre et, parfois, des mots clés entourés de balises (*tags*) qui les identifient. C'est le cas du titre du site et des mots clés qui le décrivent. Les moteurs de recherche fonctionnent dans un premier temps comme des robots (*spider*) qui visitent en permanence des millions de documents afin d'en stocker le contenu, soit le texte de la page (ce qui est affiché sur votre écran), soit le titre, soit la liste de mots clés ou encore une combinaison de ces différents éléments.

Le système d'indexation, propre à chaque robot, identifie et recense les mots dans une sorte de gros lexique continuellement remis à jour. Ce « dictionnaire » ne représente qu'une petite partie de ce qui existe sur le Net puisqu'il se limite aux sites visités. La même requête générera donc des réponses totalement différentes en fonction des éléments pris en compte, du nombre de sites identifiés et de la périodicité des mises à jour.

Un moteur de recherche se distingue en effet par sa couverture (nombre de pages et de sites indexés), la fréquence des mises à jour de ses index, l'utilisation possible d'opérateurs booléens (et, ou, sauf), l'interprétation des expressions (généralement via l'utilisation des guillemets), les possibilités de troncature permettant d'envisager toutes les formes d'un terme (informati* = informatique, information, informaticien, etc.), l'interrogation en langage naturel, le caractère obligatoire (+) ou non (-) de la présence d'un terme dans le résultat, etc.

Exemple de critères de comparaison

Moteur	Northern Light	Hotbot	Excite
Taille de l'index (en millions de pages)	> 150	> 110	> 55
Actualisation	4 semaines	4 semaines	6 semaines
Booléens	Oui	Oui	Oui
Caractère obligatoire (+) ou non (-)	Oui	Non	Non
Troncature	Oui	Oui	Non
Recherche par URL	Oui	Non	Non
Catégorisation (folders)	Oui	Non	Non

Moteur de recherche en texte intégral (full text engine)

Ils indexent la totalité des mots des documents à l'exception de mots vides de sens comme les articles, les conjonctions, etc..., qui, sortis de leur contexte, n'apportent aucune information. La recherche consiste à retrouver le ou les documents comprenant le ou les termes de la requête.

Moteur de recherche en langage naturel

Il s'agit ici d'analyser la requête pour optimiser le résultat. Elle est exprimée dans un langage courant et perçue dans sa globalité. Les techniques de recherche évoluent elles-mêmes de plus en plus. De l'algèbre booléenne, que nous rappelle la théorie des ensembles avec les « ET » et les « OU », nous sommes passés à un usage fin des réseaux sémantiques, sorte de dictionnaires puissants qui relient des concepts comme, par exemple, automobile, voiture et véhicule. Leur utilisation permet de franchir des obstacles propres à la langue et à ses ambiguïtés.

Les méta-moteurs

Il s'agit d'une « race hybride » qui permet d'utiliser plusieurs outils simultanément (répertoires et moteurs). Les recherches sont généralement menées en parallèle et les doublons sont éliminés des résultats finaux (exemples : Copernic, Strategic Finder de Digimind, etc.).

La stratégie de recherche

Comme on le voit, les outils de recherche ne manquent pas. Néanmoins, leur utilisation correcte nécessite la capacité de formuler une requête. Avant de se lancer dans une investigation sans fin, le candidat-chercheur doit se préparer correctement, en mettant au préalable par écrit sa stratégie de recherche :

- Poser la ou les questions ;
- Choisir les mots clés et les concepts associés (ou les descripteurs adéquats s'il s'agit d'une recherche via un thésaurus) ;
- Relever les synonymes ;– Relever les risques de polysémie ;
- Effectuer la traduction des termes pertinents ;
- Sélectionner le ou les outils de recherche les plus adaptés ;
- Construire la requête à partir des opérateurs et fonctionnalités les plus appropriés ;
- Effectuer la requête ;

À ce moment-là, il s'agit de tirer les conclusions sur base de la première liste de résultats :

- Soit vous avez directement le ou les documents pertinents et vous pouvez répondre à votre question de départ ;
- Soit vous avez un nombre trop important de documents (on parle de « bruit ») et il vous faut affiner votre requête par addition ou remplacement par des termes plus précis ;
- Soit vous avez trop peu de documents ou des documents non pertinents (on parle de « silence ») et il vous faut élargir votre recherche en supprimant certains termes ou en utilisant des termes plus génériques.

Autant dire que la deuxième situation est la plus fréquente. La recherche est un processus récurrent qui tient compte des résultats de l'étape précédente pour améliorer la qualité de la requête et donc des réponses.

Exemple de stratégie de recherche

- Question : « Qu'est-ce que la veille technologique ? »
- Choix des mots clés : veille, information stratégique, intelligence économique

- Synonymes : veille stratégique, veille concurrentielle, veille scientifique, etc.
- Risque de polysémie : veille = action de surveillance, mais aussi la journée d'hier
- Traduction : technology watch, competitive intelligence
- Construction de la requête : (veille ET technologique) ou (intelligence ET économique) ou (information ET stratégique)

Les agents intelligents

Il est particulièrement périlleux de tenter de définir la notion d'*agent intelligent.* Ce sont généralement des logiciels très spécifiques, capables d'agir sur un environnement de manière autonome et quasi automatique. Comme le précise Carlo Revelli[1], la dénomination même d'*agent intelligent* relève de l'oxymore, il lui préfère celle d'*agent électronique.*

Push et Pull

Une première distinction se situe néanmoins dans le rapport entre l'utilisateur et l'information :

- Soit l'utilisateur est actif, il va rechercher de l'information quelque part, c'est-à-dire la « tirer » de sa source. On parle alors de « pull ». Typiquement, faire une recherche à partir d'un moteur sur Internet est une démarche « pull ».
- Soit l'utilisateur est passif, l'information lui parvient, elle est « poussée » vers lui. On parle de « push ». C'est le cas de certains messages qu'on vous envoie sur base d'un profil que vous avez détaillé ou qui a été déduit de l'une ou l'autre de vos opérations.

Notons que nous allons vers une intégration de ces deux technologies, une combinaison d'outils d'extraction de l'information pertinente et de diffusion sur profil.

Les aspirateurs

Ce sont des agents (MemoWeb, NearSite, etc.) qui vous permettent de décharger un site entier sur son propre disque dur pour travailler *off line.* La plupart de ces agents sont également utilisés pour mettre en évidence les modifications en comparant l'ancienne version et la nouvelle. Ils sont d'ailleurs parfois présentés comme étant des agents d'alerte de première génération.

Les outils d'alerte

L'objectif est ici principalement de surveiller l'environnement. Par exemple, être prévenu lors d'une modification d'un site Web d'un concurrent ou de prise en compte d'un sujet d'intérêt dans un forum de discussion ou une liste de diffusion. Certains vous envoient un courrier électronique chaque fois que la page Web que vous avez sélectionnée est modifiée, ou bien quand une recherche d'informations produit de nouveaux résultats au sein d'un ou plusieurs moteurs. Dans certains cas, il est également possible de filtrer les changements qui ont eu lieu en choisissant des mots clés appropriés et d'en être averti par courrier électronique (exemple : Netmind).

Les outils cartographiques

Ce sont des logiciels qui effectuent, à partir d'une analyse sémantique d'un corpus documentaire, une carte des termes en fonction de leur sens et de leur fréquence. Cette description visuelle donne une autre dimension à l'information par une vue globale interprétable. Les outils cartographiques sont essentiellement utilisés pour optimiser une recherche d'information en dégageant les termes proches et les grands thèmes, identifier un ou plusieurs signaux faibles qui n'apparaîtraient pas avec une recherche classique ou mettre en évidence des éléments d'infométrie.

Quelques exemples : U-Map[2], Cartia, Leximine, Kartoo, etc.

Figure 1 : U-Map (Trivium)

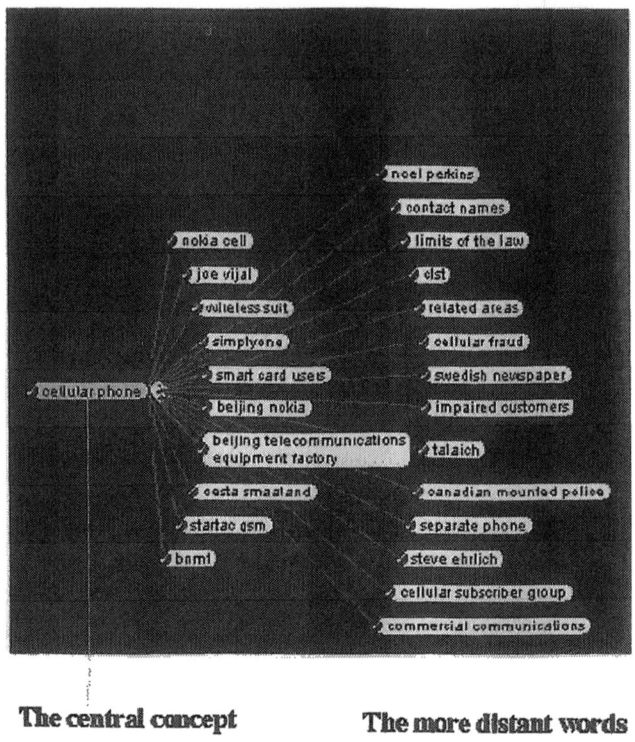

Figure 2 – Leximine (Lexiquest)

Les assistants

Citons plus particulièrement les *shopping agents*, ou assistants d'achats, qui sortent de plus en plus de l'anonymat. Ils permettent, à partir d'un moteur de recherche, de trouver un produit sur Internet et de comparer les différentes offres entre elles (prix, services,etc.).

Les anonymiseurs

Ce sont des logiciels qui vous permettent de surfer sans laisser de traces, comme par exemple, Safe Web qui empêche les sites consultés de collecter des données personnelles, bloque les cookies et crypte les échanges avec les serveurs. Une application comme Triangle Boy permet, quant à elle, d'échanger des adresses IP avec d'autres internautes pour ne pas être reconnus. Ces deux logiciels sont… gratuits[3].

5 questions à ... Carlo Revelli

Créateur de la société Cybion, auteur de *Intelligence stratégique sur Internet* (Dunod, 1998-2000) et fondateur de *Veille.com*, première communauté virtuelle de l'intelligence économique sur Internet.

– Les agents dits intelligents joueront-ils, à l'avenir, un rôle essentiel dans notre approche du monde de l'information ?

Les assistants virtuels et les agents intelligents auront en effet un rôle prédominant dans les années à venir. Ces logiciels sont de plus en plus diffusés sur Internet et même en dehors d'Internet. D'ailleurs, ces « applications plus ou moins intelligentes » vont, à terme, remplacer en partie les navigateurs (*browsers*) pour l'accès à Internet. Avec la banalisation d'Internet, l'ordinateur et le browser ne seront plus l'unique moyen pour obtenir des informations issues du Net.

En effet, de plus en plus d'applications quotidiennes (télévision, téléphone, voiture, vêtement, palm, frigo, maison, etc.) deviennent « intelligentes », grâce aux informations qu'elles trouvent ou reçoivent d'Internet. Les agents intelligents jouent donc le rôle d'assistants virtuels pour accéder plus efficacement aux informations disponibles en particulier sur Internet et d'une manière plus globale dans notre « infosphère ».

– Ne risque-t-on pas de se perdre dans cette multitude de sharewares, freewares et autres petites applications ?

Les agents dits intelligents sont étudiés depuis les années soixante dans différents laboratoires de recherche. Mais c'est avec l'essor d'Internet qu'un nombre impressionnant de logiciels, plus ou moins intelligents, a débarqué sur le marché. On trouve de tout et la qualité est très inégale. Le public n'est pas encore éduqué et un effort de vulgarisation est nécessaire. Pour cette raison, nous venons de lancer le premier site portail entièrement consacré aux créatures virtuelles et aux agents intelligents : AgentLand (www.agentland.fr), une véritable « terre des agents »...

Nous pouvons distinguer différentes familles d'agents intelligents, en fonction de l'aide qu'ils peuvent nous fournir :

- agents pour la recherche d'informations
- agents de veille et de surveillance
- shopping bots pour comparer les prix• agents pour la recherche de fichiers musicaux
- agents conversationnels et de dialogue
- agents incrustés dans les objets (voiture, vêtements, frigo, etc.)
- etc.

– L'agent intelligent est-il un outil indispensable au veilleur ?

Comme j'essaye de le démontrer dans mon ouvrage *Intelligence Stratégique sur Internet*, Internet constitue un accélérateur pour la veille. Autrement dit, c'est grâce à la facilité d'accès aux informations disponibles sur Internet que de plus en plus d'entreprises mettent finalement en place, à faible coût, des dispositifs de veille et d'intelligence stratégique. De la même manière, Internet constitue un accélérateur pour la diffusion des agents intelligents. Et il est tout à fait évident que les veilleurs ainsi que les cyberdocumentalistes bénéficieront énormément de ces logiciels. On peut toutefois apporter un bémol à cette affirmation. Un bon chercheur réussira toujours à dénicher l'information dont il a besoin en interrogeant manuellement les meilleurs moteurs de recherche. En revanche, dans une optique de veille et de surveillance, il est matériellement impossible pour tout être humain de détecter manuellement les changements qui interviennent sur plusieurs dizaines ou centaines de sites web.

– Vous êtes à l'origine d'une initiative originale : la création d'une liste de diffusion dédiée à la veille et permettant, entre autres, des échanges de points de vue sur les agents. Quel bilan en tirez-vous, après quelques années de fonctionnement ?

Le succès des listes du site *Veille.com* m'a prouvé que l'intérêt premier d'Internet n'est pas lié à la masse énorme d'informations que l'on peut trouver mais à l'intelligence et au savoir des personnes que l'on rencontre. Sur ces listes de discussions, on retrouve les principaux experts francophones de la veille et de la recherche d'informations mais aussi beaucoup d'étudiants et de néophytes. Les discussions qui ont lieu contribuent à formaliser ce que certains appellent « l'intelligence collective du réseau ». Je suis très fier d'avoir été à l'origine de cette initiative, en 1997.

– Ces agents seront-ils un jour véritablement « intelligents » ?

Il faudrait déjà s'entendre sur ce qu'est réellement l'intelligence. Sans entrer dans un débat interminable, je ne pense pas qu'un seul de ces logiciels mérite réellement le qualificatif d'« intelligent ». On ne veut d'ailleurs pas qu'ils soient intelligents, on souhaite qu'ils accomplissent efficacement des tâches longues, fastidieuses et répétitives, qui nous font perdre un temps précieux. Personnellement, je considère l'intelligence comme un mélange presque alchimique de créativité, bon sens, rigueur, adaptabilité, imagination et intuition. Comment prétendre que de simples logiciels puissent incarner autant de vertus alors que rares sont les « êtres humains » à les posséder... ?

L'analyse

La bibliométrie pionnière

La bibliométrie se définit comme l'exploitation statistique des publications. Cette analyse permet de rendre compte de l'activité des producteurs (chercheurs, laboratoires, instituts, etc.) ou des diffuseurs (périodiques, éditeurs, etc.) de l'information scientifique, tant d'un point de vue quantitatif que qualitatif. Elle consiste à analyser globalement, à l'aide de méthodes statistiques et mathématiques, les éléments d'un corpus documentaire en vue de dégager les relations existant entre ces divers éléments.

Il existe différents types d'analyse :

- l'analyse intra-champ : analyse des relations entre des éléments d'un même champ documentaire (exemple : entre des descripteurs) ;
- l'analyse inter-champ : analyse des relations entre des éléments de deux champs documentaires distincts (exemple : auteur et thème) ;
- l'analyse multidimensionnelle : analyse des relations entre plusieurs champs.

La naissance de la bibliométrie remonterait au début du 19e siècle. Mais la disponibilité électronique de l'information, depuis les années 70, a permis un développement du traitement de l'information. Le terme « bibliométrie » est attribué à Otlet ou Pritchard, selon les auteurs. Tous deux ont développé, vers 1930, le concept de statistiques bibliographiques. En 1969, Gabrov introduit le terme « scientométrie » pour exprimer la mesure des activités scientifiques. En 1979, Nocke utilise le terme « info(r)métrie » pour désigner l'application des modèles et des méthodes mathématiques et statistiques dans le but de dégager des lois relatives à l'information scientifique et technique. La discipline s'est affirmée avec la création, en 1955, du « Science Citation Index » de l'Institute for Scientific Information (ISI), puis de la revue « Scientometrics ».

Les techniques multiparamétriques ont été introduites plus tardivement, vers 1980, lorsque les méthodes mathématiques furent suffisamment maîtrisées pour permettre leur vulgarisation, et donc leur utilisation dans des domaines éloignés de ceux qui leur avaient donné naissance.

Dans la littérature anglo-saxonne, l'infométrie désigne les efforts de rapprochement entre la veille scientifique et technique et la construction de banques de données. Ces efforts visent à tirer profit des progrès de l'informatique documentaire. La traduction anglaise « infométrie » est ainsi devenue « informétrie » pour mettre l'accent sur l'apport de l'informatique dans le concept. Une des applications des techniques bibliométriques est, par exemple, l'analyse des co-citations. On estime en effet que deux publications sont proches si elles citent les mêmes références de manière similaire (méthode des co-citations). Et réciproquement, si deux citations sont citées conjointement par de nombreuses autres publications, on peut concevoir qu'elles sont également proches. Cette technique de rapprochement peut être aussi appliquée dans le cas de publications qui sont identifiées par des mots clés similaires (méthode des mots associés ou *co-word analysis*).

La bibliométrie a également donné lieu à l'établissement de lois, comme par exemple :

- la loi de Bradford (1934) qui formalise la relation entre le nombre d'articles pertinents contenus dans un périodique et le nombre de périodiques pour une bibliographie classique composée d'articles sur un sujet donné. En d'autres mots, un nombre limité de périodiques concentre généralement un nombre important d'articles pertinents. Cette loi permet d'identifier le noyau de revues à privilégier.
- la loi de Lotka (1926) qui démontre que, pour un thème donné, il existe un nombre restreint d'auteurs dont la production est très importante, alors que les autres publient épisodiquement. Cela permet d'identifier les véritables experts d'un domaine.Un simple suivi du nombre d'articles sur un sujet donne en effet une idée de l'évolution de ce sujet : des pics annonçant la réapparition d'un virus, le déclin d'une technique, ou bien encore l'émergence d'une nouvelle technologie, etc.

5 questions à ... Henri Dou

Professeur en sciences de l'information et de la communication, directeur du CRRM (Centre de Recherche Rétrospective de Marseille), président de la Société Française de Bibliométrie Appliquée et éditeur de la Revue Française de Bibliométrie.

– La bibliométrie a déjà une belle histoire derrière elle, mais il semble qu'on la redécouvre aujourd'hui. Confirmez-vous ce point de vue ?

L'augmentation constante des flux d'information fait qu'actuellement, une personne isolée ou même un groupe de personnes ne peuvent plus tout lire et avoir suffisamment de temps pour disposer d'une vue globale sur un sujet.

C'est en ce sens que l'on redécouvre l'utilité de la bibliométrie, entre autres le fait qu'elle fournit une vision synthétique d'un ensemble de données. Ceci est très utile pour le travail des experts et pour faciliter la compréhension. En outre, on voit ici que la bibliométrie n'est pas une fin en soi mais une assistance à la décision.

De plus, les progrès techniques, tant au niveau du traitement du texte intégral que des représentations infographiques, sont tels que les ordinateurs portables ou de bureau permettent une gamme de traitements de plus en plus élaborée. Enfin, l'impact de l'Internet ouvre la voie à des aspects bibliométriques nouveaux, à savoir le traitement des sites citants et cités, la notoriété via la citation d'e-mail, etc. Voir à ce propos le site *www.intelligence-process.com*

– Les techniques bibliométriques sont parfois assez complexes. Néanmoins, elles peuvent apporter beaucoup d'informations. Pouvez-vous donner quelques exemples d'apports fondamentaux ?

Faire l'état d'un domaine – qui fait quoi, les réseaux d'auteurs, les réseaux thématiques, etc.– n'est pas possible par simple lecture. Dans ce cas, il est intéressant de partir du niveau de l'information formelle, de la traiter de manière bibliométrique, puis d'accéder à des réseaux.

Ceci va permettre aux experts de déterminer les centres de compétences, les personnes clés, les liens de ces personnes entre elles, leur appartenance, leur savoir-faire. À partir de là, il sera possible de choisir un certain nombre de cibles qu'il faudra mieux connaître.

En effet, ce n'est pas l'idée de la publication, vieille de plus d'un an, qui est le plus important, mais ce que les gens pensent actuellement et, si possible, leur pensée stratégique du moment. En ce sens, la bibliométrie permet de mettre en place un certain nombre de stratégies d'accès à l'information informelle comme les réseaux d'auteurs, les réseaux de thèmes, les liens entre auteurs et thèmes, la cartographie de cibles potentielles, etc.

– Ces théories sont-elles applicables au Web ?

C'est un grand problème. Si on destructure une page Web, pour sortir le texte en ASCII, et les invariants de la page, il sera alors possible de réaliser des traitements sur des ensembles de pages (en général sur le texte intégral), car les structures sont souvent approximatives.

On entre alors dans le domaine du *datamining*. Le Web a aussi une autre particularité : il est multilingue, ce qui contraint de réaliser une bibliométrie en plusieurs langues. Enfin, il ne faut pas confondre recherche même sophistiquée offline (avec les tournures de phrases des experts, la manière dont ils s'expriment, etc.) et une bibliométrie en aveugle qui, souvent, est la base de la « serendipity » anglo-saxonne. Bref, au niveau de l'Internet, il faudra sûrement déterminer de nouveaux indicateurs bibliométriques, tels les URL citées, les e-mails, etc., afin d'adapter l'outil à ce nouveau média.

– Comment aborder la bibliométrie et l'infométrie dans une entreprise ? Par où commencer ?

Le mieux est de commencer par des bases de données structurées et couvrant bien le domaine, par exemple par une étude des brevets. Il faut réaliser des choses simples : identifier qui fait quoi dans le domaine ; si on a un portefeuille de brevets, on peut le comparer (bibliométriquement) à celui des concurrents, vérifier les sources d'information et leur exhaustivité, etc. Ensuite, on pourra passer à des choses plus complexes. De toute façon, réaliser un état de l'art périodique (tous les six mois ou chaque année) est intéressant pour l'entreprise. En fonction de la fréquence, elle pourra sous-traiter l'application, en ayant évidemment eu soin de vérifier les stratégies d'accès à l'information et les sources utilisées. Il faudra aussi demander des résultats interprétables par les experts de l'entreprise.

En ce qui concerne les bases « home made », il faut penser qu'elles peuvent aussi faire l'objet de traitements bibliométriques et donc prévoir les champs documentaires nécessaires (à renseigner).

– Bibliométrie, scientométrie, infométrie... Quelle sera la discipline de demain ?

La discipline de demain sera basée sur l'intégration des sources. En effet, si le nombre d'informations augmente, les sources se diversifient. On a d'abord travaillé sur du texte structuré (champs documentaires), puis sur du texte libre, et maintenant sur divers formats (entre autres pour le web). À l'avenir, il faudra aller vers les images, le son, les cartographies. L'intégration automatique des sources, depuis les numéros de téléphone, de voiture, les données géographiques, etc., constituera le challenge de demain. Certes, cela posera certainement des problèmes légaux sur l'intégration de sources d'information diverses.

La révolution du Text Mining

Outre la bibliométrie et ses corollaires, ces dernières années ont vu l'avènement du *data mining*, technique qui consiste à tirer profit des données et de leurs relations. Ainsi, Wall Mart exploite, depuis de nombreuses années, les informations des tickets de caisse. L'un des exemples les plus connus en la matière fut la mise en évidence de la corrélation entre les achats de bières et de langes. Une rapide investigation montra que le jeune papa américain était souvent appelé à la rescousse, lors de son retour du travail, pour ramener les précieux articles de bébé et qu'à cette occasion, il avait tendance à penser à sa boisson favorite. Un positionnement judicieux des deux articles, avec mention d'une promotion incontournable sur le deuxième, déboucha sur une augmentation du chiffre d'affaires du fournisseur (en même temps qu'une diminution des scrupules du client). Ces mêmes techniques sont à présent adaptées au monde du texte, d'où le nom de « Text Mining » pour extraire des informations clés du texte, organiser des documents par sujet, identifier les thèmes prédominants dans une collection de documents ou encore rechercher les documents pertinents à partir de requêtes puissantes et flexibles. L'objectif est d'utiliser des données non structurées (comme le texte) pour en « extraire » l'information qui a été codée dans le texte par l'auteur. Selon le Gartner Group, d'ici 2004, 15% des sociétés de type « business-to-consumer » devraient faire appel à ces techniques pour améliorer leur stratégie de communication vers leurs clients. À ce jour, ce taux est proche de 0%.

Ce type de technique peut servir à identifier, de manière automatique, la langue ou les langues du document via des indicateurs contenus dans le document. Si le document est écrit dans plusieurs langues, elle détermine la proportion approximative de chacune. Cette détermination est basée sur un ensemble de documents ayant servi à l'apprentissage de la langue. Les applications sont alors diverses : classement automatique des documents par langue, restriction de la recherche par langue, routage des documents vers les traducteurs, etc.

Cette technique peut aussi servir à une reconnaissance automatique des termes ayant un sens dans le texte : noms de personnes, d'organisations ou de lieux, termes composés, abréviations, dates ou monnaies, etc.

Une autre fonction est le *clustering*, un processus automatique qui divise une collection de documents en groupes, sur base de certaines similarités partagées par les membres d'un même groupe : termes, propriétés comme la longueur ou la date, etc. L'objectif est de fournir une vue globale des contenus d'une large collection de documents, identifier des similarités cachées ou accéder facilement à des informations liées. On parle de *cluster hiérarchique* lorsque, à partir de clusters singletons (qui ne contiennent qu'un seul document), on identifie les deux clusters les plus proches dans l'ensemble, c'est-à-dire ceux qui ont le plus de concepts identiques en commun, et que l'on peut relier. On répète ensuite l'opération jusqu'à avoir un seul cluster. L'arbre binaire ainsi construit est appelé dendogramme et contient la représentation complète du clustering incluant toutes les similarités inter- et intra-clusters.

L'analyse de discours

Il existe également des outils d'analyse qui partent du principe qu'un sujet traite une information en mettant en scène un ensemble structuré et plus ou moins cohérent de micro-univers, chacun étant constitué d'une scène peuplée d'au moins un actant qui fait l'action et d'un acte que le verbe accomplit[4]. L'objectif est donc de mettre en évidence ces micro-univers et les stratégies discursives des locuteurs. Cette étape est souvent réalisée à partir de dictionnaires, composés de réseaux d'équivalents sémantiques. Le logiciel « Tropes » (et son corollaire « Zoom ») de la société française Acetic[5] est un des plus beaux exemples de ce type d'outil : étude des actes (à partir des verbes), des acteurs (à partir des adjectifs), des opérateurs (à partir des adverbes et des locutions adverbiales).

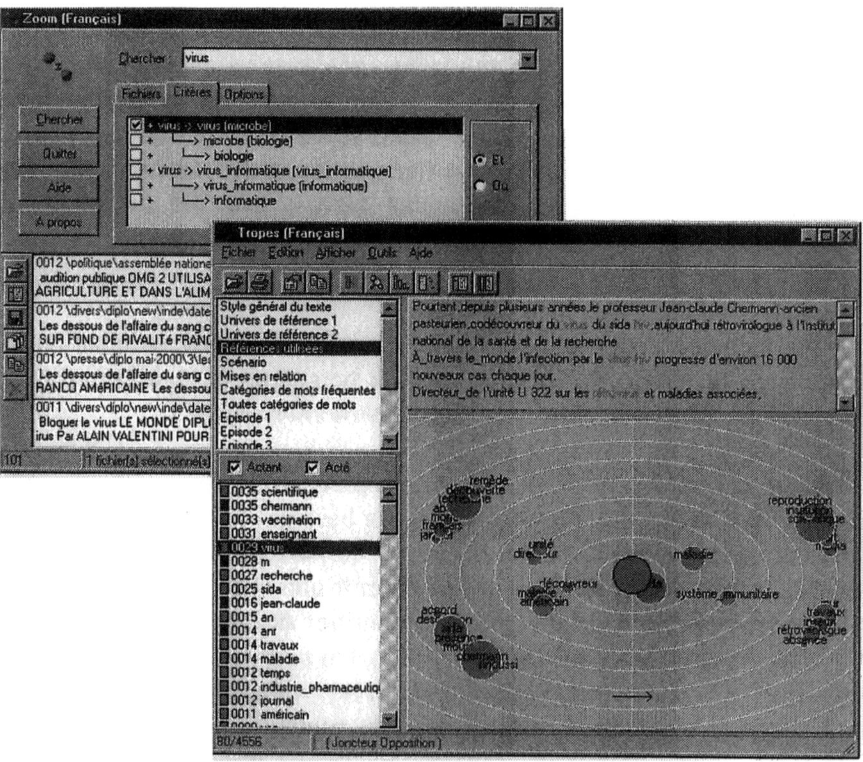

Figure 3 : Zoom & Tropes

5 questions à ... Alessandro Zanasi

Chargé de recherches au Bologna Knowledge Discovery/Data Mining Centre, auteur de plusieurs ouvrages sur le *data mining* et le renseignement, chargé de cours auprès des Universités de Bologne et de Milan.

– Jusqu'ici, nous avions surtout l'habitude de manipuler des chiffres. Comment peut-on aspirer aux mêmes ambitions en ce qui concerne du texte ?

À mon avis, c'est plutôt le contraire. Jusqu'à maintenant, nous avions eu l'habitude de manipuler du texte, en sachant utiliser les outils automatiques seulement avec les chiffres. Aujourd'hui, enfin, on a pu commencer à utiliser l'analytique avec le texte, grâce au *text mining*. Le contenu des bases de données mondiales sont, pour 80%, du texte libre. Seul le *text mining* permet d'en tirer un avantage.

– Quelles sont les applications du text mining pour une entreprise ?

Les applications les plus utilisées du *text mining* dans l'entreprise sont : la Competitive Intelligence, le CRM (Customer Relationship Management) et le Knowledge Management.

– Existe-t-il des outils spécifiques ?

Les techniques spécifiques au *text mining* sont la catégorisation, le clustering et l'extraction. TEMIS™ (*Text Mining* Solution)[6] est, par exemple, un outil de transformation de l'information brute en connaissance organisée automatiquement. Il est basé sur un traitement du langage naturel et est appelé à faire face à la quantité croissante d'information textuelle et au besoin d'analyse de celle-ci.

Ce logiciel permet les opérations suivantes :

- indexation et classification automatique par thème,
- extraction et catégorisation automatiques d'informations sur des concurrents, des clients, etc.
- analyse et structure de collections documentaires.

Ce type de fonctionnalités est particulièrement utilisé pour gérer et traiter les courriers électroniques des clients.

– Pourriez-vous donner quelques exemples concrets de projets ayant fait appel au text mining ?

- Le CI Online Analyst est une solution qui a été développée pour extraire l'information de grandes collections documentaires. Elle permet de suivre l'évolution d'une société (alliances, partenariats, concurrents, etc.) ou d'un sujet, de composer des revues de presse personnalisées, d'identifier des experts, des relations, des tendances...

- Le projet « TELCAL Knowledge Management » a été réalisé par IBM pour un consortium calabrais formé par Telecom Italia et Finsiel (*www.telcal.it*). Il vise à extraire les signaux faibles et l'information de milliers de sources hétérogènes (rapports, sites web, journaux). Au travers d'un point d'accès unique, l'information relative à plus de 2.000 entreprises de Calabre est traitée et classée automatiquement, en fonction des opportunités de marché.
- À la Dresdner Bank de Francfort (*www.dresdner-bank.com*), une solution de text mining, basée sur TEMIS™, a été également implémentée de manière à traiter les courriers électroniques des clients, les études de marché et les mémos internes, et ce afin de les diriger vers les services ou personnes concernés.
- Chez Gruner+Jahr, la plus grosse maison d'édition en Europe avec ses cent périodiques diffusés dans treize pays, des milliers de documents doivent être indexés et stockés chaque jour. Une solution a donc été conçue pour reconnaître et catégoriser ces documents en fonction d'un thésaurus et pour favoriser ainsi les flux documentaires.

– Quelles sont les évolutions possibles de ces techniques ? Que vont-elles permettre ?

Elles vont nous permettre de faire avec le texte tout ce qui a été fait avec les chiffres : identification non seulement de quantités mais, dorénavant, aussi de sentiments et d'opinions.

Δ

1. Revelli, Carlo, Intelligence Stratégique sur Internet, Dunod, 1998.
2. www.trivium.fr
3. *In* Libération du 3 avril 2001.
4. Ghiglione, Rodolphe, Landre, Agnès, Bromberg, Marcel et Molette, Pierre, *L'analyse automatique des contenus*, Dunod, 1998.
5. www.acetic.fr
6. www.Temis-Group.com

– 3 –
Aujourd'hui et demain

Quelques initiatives originales

Méthodes et outils n'ont de sens que confrontés à la réalité du terrain et au monde professionnel. Nous vous proposons donc de découvrir quelques concrétisations : centre de recherche, association, groupement d'entreprises ou encore formation.

CVT– Centre de Veille Technologique (Grand-Duché du Luxembourg)

Le Centre de Veille Technologique (CVT) est un département du CRP Henri Tudor, centre de recherche dédié à l'innovation et au développement technologique. Le CVT a pour principaux objectifs la sensibilisation des entreprises à l'importance de l'information industrielle et l'assistance à la mise en place de leur système de veille industrielle (*www.cvt.lu*).

5 questions à ... Serge Quazzotti, directeur du Centre de Veille Technologique

– Quels sont les objectifs et méthodes du CVT ?

La première idée de développement du Centre de Veille Technologique, créé en 1994 à l'initiative du ministère de l'Économie, consistait à développer et à mettre en place des prestations d'information brevet à destination des entreprises et des autres acteurs de l'innovation. Fort du constat du développement rapide des concepts, méthodes et outils de la veille et de l'intelligence stratégique, ainsi que du faible niveau de sensibilisation des cadres d'entreprises à ces pratiques, nous avons étendu notre champ d'action vers l'ensemble des thématiques qui touchent l'exploitation des sources d'information et la maîtrise de l'information stratégique.

Le Centre de Veille Technologique poursuit actuellement quatre objectifs :

- Sensibiliser les entreprises et les acteurs de l'innovation à l'importance stratégique de l'information ;

- Aider les entreprises à organiser leurs pratiques de veille et d'intelligence stratégique ;
- Développer une gamme de produits et de services d'information et de veille à valeur ajoutée ;
- Développer les compétences au niveau local (national, régional) dans le domaine de la veille.

Mises à part certaines actions d'information et de sensibilisation large, nous avons réalisé des projets pilotes avec des PME. Ces activités nous ont permis d'une part, de bien comprendre les spécificités des PME et d'autre part, de nous aider dans la mise au point de méthodes de travail adaptées aux contraintes inhérentes aux PME.

Nous sommes également actifs sur le plan de la formation. Nous avons introduit des modules de formation dans une école d'ingénieurs au Luxembourg et contribué à la formation continue des cadres. Une équipe de spécialistes développe et met à la disposition des clients des produits et des prestations de recherche et de traitement de l'information. Nous avons accès à un large éventail de bases de données documentaires et de compétences dans le domaine de la recherche et du traitement automatique.de l'information documentaire (bibliométrie, traitement linguistique, etc.). Nous réalisons des audits de pratiques informationnelles, ainsi que des missions de conseil sur mesure, destinées à aider les entreprises à organiser leur système de veille.

– Quel bilan tirez-vous de ces quelques années de fonctionnement ?

Dans l'ensemble, je juge le bilan de l'opération positif. Nous avons réalisé ce qui était réalisable avec les moyens qui étaient à notre disposition. Nous avons un éventail assez varié et bien structuré d'activités à disposition des entreprises pour les sensibiliser et les soutenir dans leurs démarches de veille. Chaque année, une trentaine d'entreprises font appel à nous pour des demandes de prestations ou de conseil. Quinze cadres d'entreprises externes ont récemment participé à un cycle de formation que nous avons organisé, début 2000. Ces chiffres prouvent que nous avons atteint un certain degré de sensibilisation à la valeur stratégique de l'information en général et à la maîtrise de l'information. En dépit des efforts consentis, les entreprises sensibilisées ne représentent qu'une minorité des entreprises que l'on devrait atteindre.

– Comment procédez-vous lorsqu'une entreprise fait appel à vos services ?

Les questions posées sont toujours en relation avec des projets d'innovation. Les cadres sollicitent notre aide pour connaître au mieux l'état d'une technique, d'une technologie ou bien leur situation concurrentielle. Dans tous les cas, nous avons une ou plusieurs réunions de travail, lors desquelles un expert de l'entreprise nous confie, en toute confidentialité et le plus précisément possible, tous les aspects du problème. Nos experts recherchent et collectent toutes les informations nécessaires pour répondre à la question. À cette fin, ils exploitent principalement les sources d'information formelle (bases de données, Internet, etc.), et appliquent ensuite, si nécessaire, des méthodes d'analyse de l'information adéquates. Les informations sont ensuite mises en forme, de manière à ce qu'elles puissent servir le plus efficacement et le plus rapidement pour appuyer des décisions et des actions concrètes. Selon l'envergure de la question, les investigations sont plus ou moins longues. Les délais de livraison s'étendent généralement de 3 jours à plusieurs mois.

Pour les missions de conseil à la mise en place de systèmes de veille en entreprise, nous commençons toujours par un audit auquel participent obligatoirement toutes les personnes concernées par le futur système. Après avoir réalisé l'état des lieux des ressources et des pratiques existant dans l'entreprise, nous définissons l'organisation du système en étroite collaboration avec les responsables de l'entreprise. Ensuite nous mettons à disposition nos connaissances et nos compétences pour accompagner l'entreprise lors de la mise en place de leur système de veille.

– Quels sont les principaux obstacles auxquels vous avez été confronté dans le cadre de vos projets ?

Ce sont principalement l'absence de stratégie de développement, le manque d'engagement de la part des décideurs et l'inertie face au changement.

– Comment voyez-vous l'avenir du CVT et de la veille dans les entreprises luxembourgeoises ?

Nous devons concentrer nos efforts de sensibilisation sur le terrain et continuer à adapter nos méthodes de travail. Je pense par exemple aux approches de veille partagée pour des secteurs ou des grappes d'entreprises ayant des intérêts communs. Si le CVT se donne les moyens pour développer ses activités dans ce sens, la veille continuera à se développer dans les entreprises luxembourgeoises.

AFDIE – Association Française de Développement de l'Intelligence Économique (France)

Créée en octobre 1996, l'AFDIE est un réseau dont l'objet est de constituer et d'animer une communauté nationale et européenne mobilisée autour d'une démarche d'Intelligence économique (*www.afdie.com*).

L'AFDIE regroupe des personnes issues :

– du monde de l'entreprise (dirigeants de grands groupes et de PME/PMI, fédérations professionnelles),

– de l'administration,
– du monde associatif et syndical (partenaires sociaux),
– des régions (responsables publics et privés, d'organismes territoriaux, de réseaux d'entreprises, de CCI, de chambres de métiers, d'ARIST),
– du monde de l'enseignement et de la recherche.

Les missions de l'AFDIE pouraient se résumer comme suit :

– **Étudier et comprendre** le rôle de l'intelligence économique dans le développement des organisations.
– **Sensibiliser et former** l'ensemble des acteurs nationaux sur le fait que la promotion de l'emploi, le développement et la diversité des activités ainsi que la capacité de négociation internationale de la France reposent sur la coordination des acteurs et des stratégies.
– **Proposer et initier** des réflexions et des lignes d'action en matière de création de richesses au niveau des entreprises, des régions et du pays.
– **Mobiliser et fédérer** l'ensemble des acteurs concernés en organisant, en particulier, l'articulation des savoirs issus de l'entreprise et du monde de la recherche.

Parmi les actions de l'AFDIE, citons la création des Rencontres nationales de l'Intelligence économique, la publication semestrielle de la Revue d'Intelligence économique et la mise en place d'ateliers réunissant professionnels de l'entreprise, experts externes, universitaires, étudiants... autour de différentes orientations.

SCIP – Society of Competitive Intelligence Professionals (États-Unis)

La SCIP est une association professionnelle visant à développer l'expertise en création, collecte et analyse de l'information, à promouvoir le concept de « competitive intelligence » et à sensibiliser les décideurs à l'avantage concurrentiel d'une telle démarche (*www.scip.org*). L'association est née en 1986 aux États-Unis, en réponse à un réel besoin de nouvelles techniques dans un environnement concurrentiel en perpétuelle mutation, et ce grâce à une maîtrise de l'information stratégique. L'émergence d'une nouvelle profession a également fait apparaître un besoin de créer une communauté d'intérêt pouvant réfléchir sur les problèmes de formation et d'éthique, le développement d'outils appropriés, etc. Avec près de 8 000 membres, la SCIP est aujourd'hui une véritable organisation internationale, même si elle se cherche à présent une structure correspondant mieux à sa croissance et aux différences de culture. Ainsi, la SCIP France conserve une certaine autonomie, mais devrait participer à un nouvel élan européen, au même titre que la SCIP Belgique et la SCIP Luxembourg.

Réseau Chimie (Canada)

Le Réseau Chimie est un centre de veille concurrentielle regroupant les meilleurs spécialistes de l'information et les experts en applications industrielles de la région (*www.chimie.com*). Grâce à une formule originale, le Réseau relie par Internet une équipe virtuelle qui répond aux besoins d'information exprimés par le secteur chimique. Les partenaires fondateurs sont le Centre de Recherche Industrielle du Québec (CRIQ), l'Institut de Chimie et de Pétrochimie du Collège de Maisonneuve (ICP) et le Laboratoire des Technologies Électrochimiques et des Électrotechnologies d'Hydro Québec (LTEE). Le Réseau Chimie compte une trentaine de collaborateurs à travers le Québec. Il fournit un service de surveillance d'information stratégique aux entreprises de l'industrie chimique : nouveaux produits, technologies en émergence, tendances des marchés, occasions d'affaires, etc. Les spécialistes sélectionnent chaque mois l'information la plus récente et la plus pertinente, analysent et résument l'essentiel de cette information et livrent uniquement la plus utile, assortie de leurs commentaires. Les abonnés peuvent en discuter par téléphone avec les experts, en exclusivité et en toute confidentialité.

IPTS – Institute for Prospective Technological Studies (Espagne)

La mission de l'IPTS, créé en 1994 par la Communauté européenne, est de fournir une analyse technico-économique aux décideurs européens (*www.jrc.es*). Il surveille et analyse tous les développements technologiques récents, leurs impacts, relations et implications sur le développement politique futur. L'Institut couvre des domaines comme le développement durable, les sciences de la vie, les technologies de l'information et de la communication, la compétitivité, etc. Pour cela, l'IPTS s'appuye sur le réseau européen ESTO (European Science & Technology Observatory) et un centre d'expertise basé à Séville.

Le Diplôme Européen en Intelligence Économique et Stratégique (Belgique / France)

Forts de leurs expériences respectives, les Universités de Mons-Hainaut (Belgique) et de Lille 2 (France) ont créé une nouvelle formation dont l'originalité est de bannir tant les frontières des pays que celles des cultures. En un an, les étudiants, en formation initiale ou continue, ont ainsi l'occasion d'être confrontés aux experts de domaines aussi variés que le droit, la technologie, l'analyse financière ou encore la gestion de projets. Chacun de ces intervenants, confirmés et reconnus, apportent leur expérience en matière de projets d'intelligence stratégique.

Le top 10 des tendances en gestion de l'information

Au cours des conférences et des publications de ces dernières années, certaines tendances semblent se dégager en matière de projets et d'intentions à court ou moyen termes.

1. L'Intranet comme portail d'information

L'Intranet semble s'imposer comme le meilleur outil de support au *Knowledge Management* et à la veille. La notion de portail s'inscrit dans cette logique.

2. L'opposition entre approche opérationnelle et approche stratégique

De nombreux spécialistes estiment qu'une confusion s'est installée entre l'approche opérationnelle (orientée produit et à court terme) et l'approche stratégique (orientée stratégie et à moyen et long termes). Une prise en compte des spécificités de chacune est nécessaire, mais sans en négliger une au profit de l'autre.

3. Le lien KM – CI

Selon les professionnels du secteur, les liens à établir entre le *Knowledge Management* et la *Competitive Intelligence* permettront la combinaison entre l'identification des expertises au sein de l'entreprise et l'information collectée en dehors.

4. Les communautés KM

Dans la lignée de l'identification des compétences internes, de nombreuses entreprises insistent sur la nécessité de formaliser des communautés KM ou communautés d'intelligence. Il s'agit de favoriser les échanges d'expériences et le dialogue au sein de communautés virtuelles autour d'un domaine d'intérêt commun, voire de compétences complémentaires.

5. La coordination

Le rôle de responsable de l'information dans les entreprises commence à apparaître. Ces professionnels se définissent aujourd'hui essentiellement comme des coordinateurs des compétences, des connaissances et des informations dans l'organisation globale. Ils animent et favorisent une dynamique générale, visant à relier le monde opérationnel au top management.

6. Le changement de culture

Si le *Knowledge Management* est reconnu comme étant un apport dans la structure de veille, il est aussi porteur d'un changement de culture. Certains travaux voudraient aller plus loin dans l'étude des répercussions d'un tel changement et des manières de l'aborder efficacement. Des perspectives de recherche sont donc ouvertes dans ce domaine.

7.L'émergence du Text Mining

Parmi les techniques qui arrivent à maturité, le *text mining* s'impose comme outil essentiel sur le plan de l'analyse. Le développement du commerce électronique devrait d'ailleurs l'y aider car il devient important de pouvoir extraire de l'information les corrélations nécessaires à une meilleure perception du sujet, du concurrent ou du... client.

8. Le Profiling

Les techniques de *profiling*, voire de CRM (Customer Relationship Management), ont pour but de déterminer les centres d'intérêt, les stratégies ou les compétences des entités dont on s'occupe : les concurrents, le client interne ou l'expert. Elles sont utiles tant pour la recherche (identification des domaines à surveiller) que pour la communication (diffusion sélective de l'information).

9. Les Project Learnings

Ce qu'en France, l'on nomme « retour d'expérience » devient une nécessité pour l'entreprise, qui prend de plus en plus conscience que la répétition des erreurs ou la redondance de travail nuisent à l'efficacité, voire à la compétitivité.

10. Les incitants

Tout le monde reconnaît qu'il s'agit à présent de trouver des incitants pour supporter tous ces beaux projets. Tous se disent bien conscients qu'il s'agit de composer avec la nature humaine et d'évaluer les incitants financiers (bonus, actions, etc.) ou non financiers (citations, formations, avantages, etc.), voire d'en trouver de nouveaux. Comme cette PME française, Vetoquinol, qui a créé un « info-challenge » visant à récompenser le salarié ayant rapporté la meilleure information stratégique pour l'entreprise, au cours de l'année[1].

Δ

1. De Linares, Jacqueline, *Entreprises : la guerre de l'information, in* Le Nouvel Observateur, n°1798, 22/04/1999.

Sites Internet

Veille et Intelligence économique		
Le site de l'« Intelligence Stratégique sur Internet » et de la liste Veille créée par Carlo REVELLI	I	www.veille.com
La Guerre de l'Information	I	www.infoguerre.com
Competitive Intelligence Handbook	D	www.combsinc.com/handbook
Corporate information	I	www.corporateinformation.com
Veille Magazine	P	www.veillemag.com
Archimag	P	www.archimag.com
Society of Competitive Intelligence Professionals	A	www.scip.org
Association Française pour le Développement de l'Intelligence Économique	A	www.afdie.com
Benchmarking		
Le réseau du benchmarking et des meilleures pratiques	I	www.benchmarking.org
Knowledge Management		
Distributed Knowledge Management System	D	www.dkms.com
Intelligent Entreprise Network	D	www.intelligentkm.com
University of Texas : une mine de références sur le KM	D	www.bus.utexas.edu/kman/
Le KM selon Sveiby	I	www.sveiby.com.au
Cindyniques		
Institut Européen des Cindyniques	I	www.cindynics.org

Internet		
Moteurs de recherche et référencement	I	www.abondance.com
L'actualité du Net	I	www.journaldunet.com
Les outils du Net	O	www.logicielscenter.com
Moteur de recherche à assistance humaine	O	www.webhelp.com
L'actualité de la recherche sur Internet Le journal du Net	I I	www.surfing-net.com www.journaldunet.com
Quelques produits		
TRIVIUM – U-Map, Gingo & See-K	O	www.trivium.fr
ACETIC – Tropes & Zoom	O	www.acetic.fr
LEXIQUEST - Leximine	O	www.lexiquest.com
DIGIMIND – DigOut4U & Strategic Finder	O	www.digimind.fr
COPERNIC – Copernic	O	www.copernic.com
KNOWINGS – KM Place	O	www.knowings.com
KARTOO	O	www.kartoo.com
SAFE WEB	O	www.safeweb.com
TRIANGLE BOY	O	www.triangleboy.com

A. association professionnelle
D. documentation / références
I. information
O. outil / produit
P. presse professionnelle

DEUXIÈME PARTIE :
Les menaces

Ce qui est dit dans l'oreille d'un homme
est souvent entendu à des milliers de kilomètres.

PROVERBE CHINOIS

– 4 –
Les principaux acteurs de la guerre économique

L'indéniable réalité de l'espionnage économique

« Concept ancien, la guerre économique émerge véritablement en 1962, année où la croissance du commerce international dépasse celle de la richesse mondiale. Dans cette guerre, qui est en quelque sorte un jeu à somme positive, les nouvelles armes sont la compétitivité des coûts, l'innovation et le niveau d'éducation. La guerre économique est conduite par les entreprises, certes multinationales, mais qui restent toutes ancrées dans un pays d'origine. C'est pourquoi le rôle des États est primordial, d'une part en créant un environnement favorable aux entreprises, d'autre part en orchestrant une véritable mobilisation économique[1]. »

Les années 60 scellent-elles véritablement l'entame de la guerre économique ? Sans doute, en partie. Mais n'est-ce pas faire disparaître de la mémoire collective l'idée même de l'affrontement économique ? Une lecture plus globalisante du phénomène ferait plutôt remonter l'intérêt des États pour l'économie – la leur et celle des autres – ... à la nuit des temps. Dès l'Antiquité, les nations ont tenté de s'approprier les inventions, les « trouvailles » et les idées susceptibles de les faire progresser. Ces spoliations ont par ailleurs concouru au développement des sociétés, à la généralisation de leur modernisation et à la répartition du savoir.

Pour Robert Salmon, ancien vice-président en charge de la prospective du groupe L'Oréal, comme pour un nombre croissant d'analystes et d'observateurs, l'environnement des entreprises et les règles du jeu de la compétitivité mondiale ont formidablement évolué depuis le début des années 1990. « Les dynamismes de la compétitivité de nombreuses industries, constate ce pionnier de l'intelligence économique en France, sont remis en question par des changements radicaux, comme la mondialisation de la compétition, les technologies de l'information, la dérégulation, la segmentation des marchés, les frontières mouvantes des industries, l'évolution des attentes des consommateurs. La combinaison de ces facteurs influence fondamentalement les critères qui séparent les gagnants des perdants[2]. »

En d'autres termes, si l'affrontement économique a accompagné l'évolution de toutes les sociétés à travers les âges, il a été considérablement dopé par l'explosion des marchés et l'apparition des Nouvelles Technologies de l'Information et de la Communication (NTIC). Gommé le vernis policé qui atténuait les coups de Jarnac que pouvaient se donner des gouvernements « alliés » et cimentés par la guerre froide ! Nous sommes bien dans une guerre de l'information où celle-ci est devenue un véritable enjeu de domination et est utilisée comme une arme offensive pour acquérir des marchés, affaiblir ou déstabiliser un concurrent. La désinformation, la rumeur (telle société est en mauvaise santé ou est liée à une dictature), la propagande, la manipulation (des médias, du public, etc.), l'espionnage sont devenus les nouvelles armes de combat...

L'espionnage, avatar de la guerre économique

Guerre économique rime-t-elle pour autant avec espionnage ? Non bien sûr. Si les concepts de guerre économique et d'espionnage industriel ou économique ne sont pas nouveaux, ils ont pris de nouvelles couleurs avec la chute du Mur de Berlin, l'effondrement du Bloc soviétique et l'éclosion de la Société de l'Information. Décriées par certains, acquises pour d'autres, ces réalités ne sont pas dénuées de substance et ne relèvent pas de fantasmes de journalistes en mal de sensationnalisme. La mondialisation des échanges, le redéploiement des forces géostratégiques et l'explosion des NTIC ont considérablement complexifié les rapports de force géoéconomiques et radicalisé la compétition entre les acteurs économiques. Ces éléments induisent une mutation majeure, que les chefs d'entreprise ont souvent du mal à percevoir par manque de temps et de clés d'analyse. Combien sont-ils encore à estimer que l'espionnage économique relève davantage du roman « à la James Bond » que de la réalité ? Et, aujourd'hui – c'est un nouveau paramètre à intégrer dans une analyse globale – l'information est passée du stade d'outil à celui de matière première, de produit qui se vend et qui s'achète. Dans ce nouveau contexte, les espions – rattachés à un service officiel ou privé – bénéficient en règle générale d'un atout souvent méconnu des profanes, mais de poids : le temps ! « L'espionnage, remarque – en professionnel qu'il fut – Markus Wolf, l'ancien patron des services de renseignement est-allemands, consiste essentiellement à passer au crible des montagnes d'informations rassemblées au hasard, dans l'espoir de découvrir une pierre précieuse qui éclaire le tout, un maillon permettant de relier[3]. » Une information apparemment insignifiante glanée par ici, d'autres récoltées six mois plus tard par là, auxquelles on joint le résultat d'éventuelles écoutes, le fruit d'une analyse exhaustive des sources ouvertes et de conversations « informelles » avec des membres du personnel ignorant jusqu'au bout qu'en réalité ils ont fait l'objet d'un véritable interrogatoire, tout cela fournira une myriade d'informations qui, mises bout à bout, traitées et analysées par des professionnels donneront un aperçu extrêmement pointu, fidèle, presque « chirurgical » d'une entreprise... ce qui précédera peut-être une opération offensive que le chef d'entreprise n'aura jamais vu venir ! Comme le souligne le rapport rédigé par le Commissaire général du Plan, Henri Martre, « les entreprises sont désormais contraintes d'ajuster leurs stratégies en fonction d'une nouvelle grille de lecture intégrant la complexité croissante des réalités concurrentielles à l'œuvre sur ces différents échiquiers mondiaux, nationaux et régionaux[4] ».

Un nouveau contexte, de nouvelles approches

Une bonne nouvelle...

Depuis quelques années, certains se font les apôtres d'une nouvelle... bonne nouvelle ! Toutes les informations – de 80 à 95% selon les sources – seraient aujourd'hui disponibles et largement accessibles moyennant un minimum de savoir-faire et de compétences techniques. La consultation professionnelle des grandes banques de données, la surveillance de milliers de sites Internet à l'aide de moteurs, métamoteurs et autres agents intelligents, l'examen minutieux des journaux, magazines et newsletters spécialisés suffiraient à récolter des informations pertinentes sur n'importe quel sujet. Actifs dans les entreprises, dans les cellules de veille spécialisées (par sujet, par thème, par secteur d'activités, etc.), dans les grands cabinets, les « veilleurs » sont devenus les yeux et les oreilles des entreprises. À l'origine de cet intérêt nouveau pour les sources ouvertes, l'on retrouve un Américain, véritable apôtre des « Open Sources », dont le discours séduira d'ailleurs plusieurs gouvernements.

... et son apôtre !

Avril 1994. Dans les couloirs cossus d'un grand hôtel de la capitale européenne, un groupe d'hommes s'affaire. L'homme du jour parle anglais. Imposant par la taille, il l'est aussi par son enthousiasme et sa jovialité. Son nom : Robert Steele. Son entreprise : *Open Sources Solutions* (OSS) dont le nom ne laisse aucun doute sur ses activités et dont les actionnaires discrets n'en sont pas moins d'envergure (Rand Corporation, etc.). L'homme sait de quoi il parle… et il entretient un réseau de contacts – qui représentent autant de clients potentiels – particulièrement intéressant. Pendant des années, avant de se reconvertir dans le privé, il a officié pour la CIA et le service de renseignement des Marines. Aujourd'hui, il ne cache pas que si ses relations avec la Company ne sont pas des plus cordiales, il entretient en revanche d'excellents rapports notamment avec la Defense Intelligence Agency (DIA), le service de renseignement de l'Armée américaine.

Voyageant sous toutes les latitudes, « Bob » Steele ne ménage pas sa peine pour asséner sa bonne parole, répondant sans ambages à toutes les questions qui pleuvent sur lui. Son objectif ? Convaincre ses interlocuteurs – chefs d'entreprise, responsables de services secrets, responsables de cellules de veille ou d'intelligence économique, consultants, etc. – du bien-fondé de l'utilisation des sources ouvertes. « Mission accomplie ! », proclame Philippe Baumard, conférencier, professeur agrégé de l'université de l'IAG d'Aix-en-Provence et membre de la direction de la stratégie de France Télécom. « Steele est intervenu au début des années 90 au moment où les services de renseignement, déboussolés par un contexte nouveau aux contours mal définis, se cherchaient de nouvelles missions et tentaient de redéfinir leur place dans ce nouvel environnement. Aujourd'hui, cet environnement a effectivement changé et tout le monde est acquis à l'idée que les sources ouvertes représentent un mode nouveau d'action. Les Américains ont compris qu'il serait utopique de vouloir dominer la totalité de l'infrastructure informationnelle et privilégient aujourd'hui la maîtrise de l'information par secteur[5]. » Nous n'allons pas entrer plus avant dans l'analyse fine des soubresauts de l'évolution majeure de la société que nous vivons actuellement. Nous nous bornerons à dresser les grandes lignes de cette nouvelle grille de lecture, indispensable pour décrypter un environnement en pleine mutation.

Ces quelques pour cent…

Corollaire immédiat des thèses défendues par les partisans de Steele : les services secrets ne servent plus à rien ! L'explosion des sources d'informations et le développement – par ailleurs indéniable – des outils de recherche et de sélection de l'information, des banques de données et des « spécialistes » de l'information auraient permis à l'information de sortir de la clandestinité et du giron des services. En clair, puisque l'information utile et pertinente dont ont un crucial besoin les entreprises, les gouvernements et les institutions, est accessible, l'apport de ces services et leurs techniques clandestines d'acquisition du savoir seraient devenus inopérants.

C'est sans doute aller un peu vite en besogne et faire fi de plusieurs éléments. Les sources d'informations ont véritablement explosé au cours de ces dernières années. Aujourd'hui, se balader dans les couloirs de la Library of Congress, récupérer des rapports ou des communiqués de presse des grandes organisations internationales (OMC, OMS, OSCE, Unicef, Amnesty international, etc.), lire le rapport d'activité de telle ou telle entreprise ou découvrir les brevets qu'elle a déposés – confortablement assis sur sa chaise de bureau – relève de la plus banale activité. La multiplication des banques de données et des bureaux de consultants ou de veille concourent ainsi à donner l'impression d'un savoir illimité. Le retour des universalistes et l'information universelle à portée de main, marquent la remise au placard des « vieux » professionnels du renseignement aguerris à l'exercice de la guerre froide ! Mais c'est oublier que la recherche d'information avale le temps et que les heures à rechercher l'information intéressante se prennent sur les heures, notamment, consacrées à la gestion ou à la décision. C'est encore oublier que si cette information est aisément accessible – moyennant du temps et de l'argent –, il n'est pas totalement exclu qu'elle ne soit pas tout à fait pertinente ou que son degré de fiabilité ne soit pas très élevé. C'est aussi oublier que toute information, quelle qu'en soit la provenance, doit, pour être utilisable, impérativement être décodée et analysée. Enfin, c'est oublier – ou vouloir oublier – qu'il subsistera toujours des zones d'ombre, de l'information cachée, inaccessible, hors de portée des moyens classiques de recherche et que les logiciels, dont la puissance va indéniablement croissant, ne remplaceront jamais ce que les Anglo-saxons appellent le *Humint*, le renseignement humain. Jamais une analyse exhaustive des sources ouvertes ne fournira à l'entreprise désireuse d'ouvrir un bureau à Moscou, à Alger ou au Venezuela les données indispensables à sa survie ni les noms des personnes clés de tel ou tel marché.

Il nous semble donc relever d'une interprétation biaisée d'estimer, d'une part, que toute l'information est aujourd'hui accessible et, d'autre part, que la disparition d'informations occultées, voire secrètes, provoque *ipso facto* celle de l'espionnage et des réflexes de prudence ! L'on pourrait d'ailleurs longuement s'interroger sur les motivations des prêcheurs de bonnes nouvelles, qui ont réussi à installer l'idée d'une modification totale des fondements et des paramètres moteurs de la société et à poser un voile pudique sur ses invariants…

Prenons un exemple éloquent, qui semble pourtant ne pas sauter aux yeux de tout le monde. Lorsqu'une entreprise s'adresse à une société de renseignement privée, souvent pour des montants considérables, ce n'est évidemment pas pour obtenir des informations dont elle peut disposer aisément par ses propres moyens ! Pour Alain Damian[6], il est inutile de se voiler la face :

« Les choses les plus intéressantes, naturellement, sont souvent les mieux cachées, donc en zone grise ou noire. En plus, comme toutes les sociétés réalisent progressivement l'importance de ces questions, elles protègent davantage les informations sensibles. Donc, il devient plus fréquent de passer par le gris ou le noir pour les obtenir ! » Damian sait de quoi il parle. Après avoir passé une partie de sa vie dans les services secrets français, il met aujourd'hui son expérience au profit des étudiants du DESS « Ingénierie de l'intelligence économique » à l'université de Marne-la-Vallée. Personne ne conteste que les contours de nos sociétés ont évolué, que nous vivons une époque de bouleversements majeurs et que les innovations technologiques fondamentales modifient en profondeur la façon dont nous travaillons (télétravail, intranet, etc.), communiquons (réduction des distances) ou commerçons. Il reste que ce monde qui se dessine n'est pas sans danger – au contraire –, qu'il est rendu plus flou, plus opaque – sous ses dehors de transparence – et, surtout, beaucoup plus imprévisible[7]. Il reste que s'il y a encore de l'information importante occultée, il y aura toujours des gens pour tenter de se l'approprier… et donc, toujours des espions…

Les atours trop séduisants des victimes de l'espionnage économique

Quelles sont les victimes de l'espionnage économique ? Les États ? Les entreprises ? Quels sont les secteurs d'activités principalement visés ? Dans quelle mesure les universités et les centres de recherche sont-ils des cibles potentielles ? Peut-on déterminer des critères susceptibles d'attirer le regard… les mains baladeuses et les micros indiscrets ?

Les États

Au sommet de la pyramide, les États, les organisations et les institutions internationales sont-ils *naturellement* éliminés du jeu par l'économie de marché, par la tendance générale à la privatisation ? Idéalement, le rôle de l'État consiste à garantir la bonne marche de l'économie et la régulation des relations économiques entre les différents intervenants à tous les niveaux. L'État serait ainsi l'ange gardien des marchés et des consommateurs et chercherait à équilibrer les intérêts en compétition ou en conflit. « Dans la pratique, regrette le Néerlandais Maurice Punch, professeur de sociologie puis consultant, les gouvernements tendent à favoriser différentes équipes ou joueurs, modifie les règles pour qu'elles s'adaptent aux situations et sont loin d'être impartiaux[8] … »

L'État partie prenante au grand jeu de l'économie ? Sans aucun doute. Les voyages à connotation économique de plusieurs chefs de gouvernement, dans des pays pourtant « difficiles à vendre » (Algérie, Chine, etc.) à l'opinion publique, prouvent à suffisance que l'État déploie des moyens pour « ses » entreprises qu'il considère devoir soutenir. Cependant, les participations croisées, la dimension planétaire des multinationales, la réduction générale du nombre d'entreprises d'État et l'ancrage souvent bien marqué des filiales dans les pays d'accueil complexifient et rendent diaphane et malaisée à cerner la frontière entre intérêts d'État et intérêts privés. À l'exception (et encore !) des entreprises liées à la Défense, souvent très proches de leur gouvernement respectif, les entreprises, plaidant pour l'internationalisation de leurs activités et de leur personnel, ont de plus en plus de mal à faire valoir leur caractère « national ». Cette situation rend d'ailleurs, pour des gouvernements attachés à la défense de « leur » patrimoine, la tâche bien plus complexe que par le passé. C'est la raison pour laquelle deux des critères de plus en plus retenus pour définir la « nationalité » d'une société est l'emploi qu'elle génère dans le pays dans lequel elle est établie et son caractère stratégique pour le pays.

L'effacement de la frontière entre géopolitique et économie
Pierre-Emmanuel THOMANN, géographe

Le « court vingtième siècle », pour reprendre la formule de l'historien Éric J. Hobsbown[9], s'est achevé au début des années 90 par la chute du communisme en ex-URSS et en Europe centrale et orientale. Ce bouleversement est généralement interprété comme la victoire du système économique libéral, après une lutte idéologique de plus d'un demi-siècle contre l'avancée communiste. La disparition de la confrontation idéologique est-ouest, qui a fondamentalement structuré les relations internationales, va-t-elle pour autant déboucher sur un monde plus consensuel et moins marqué par les rivalités ? Un recul d'une dizaine d'années permet d'esquisser quelques hypothèses : si les tensions paroxystiques de la guerre froide semblent avoir fortement diminué en intensité, les rivalités géopolitiques entre les États continuent pourtant d'influencer fortement la nature des relations internationales.

L'affaiblissement, puis la disparition de l'URSS a ouvert la voie à une évolution beaucoup plus fluide des relations internationales. Si la menace de conflit au niveau mondial a fortement diminué, des tensions régionales séculaires ont ressurgi, et de nouveaux clivages ont fait leur apparition. Selon Henry Kissinger[10], cette évolution des relations internationales présente des similitudes avec le système des alliances qui a caractérisé les relations internationales tout au long du 20e siècle. En ce début du 21e siècle, les lignes de forces de la situation géopolitique internationale semblent encore être caractérisées par une oscillation entre un monde unipolaire dominé par l'unique superpuissance que sont restés les États-Unis, et l'instauration progressive d'un monde multipolaire. Il n'est pas question ici de débattre de la primauté de la coopération ou de la confrontation entre les États à l'échelle internationale, mais plus simplement d'attirer l'attention sur les rivalités géopolitiques qui caractérisent ce début de siècle. Ces rivalités mêlent les questions d'ordre stratégique et économique. À la différence de la guerre froide, la frontière entre les deux est de moins en moins visible.

À l'échelle mondiale, les États-Unis sont les grands bénéficiaires de la chute de l'URSS. Le reflux des positions de l'URSS puis de la Russie a laissé des espaces immenses en voie de transition stratégique. Selon Zbigniew Brzezinski[11], l'objectif stratégique des USA devrait tendre à éviter la réapparition d'un concurrent capable de dominer stratégiquement et économiquement le continent eurasiatique, pour défier ensuite l'Amérique.

L'édification d'un vaste système euro-atlantique à l'ouest du continent et englobant, à terme, la Russie devrait permettre aux USA d'atteindre une partie de leurs objectifs. Les faits montrent qu'une telle politique est en phase de mise en œuvre avancée : la réduction de la marge de manœuvre de la Russie est atteinte mais son rôle de puissance régionale perdure... L'intégration d'anciens membres du pacte de Varsovie dans l'OTAN, la Hongrie, la Pologne et la République tchèque a constitué une étape décisive. La dislocation de la Yougoslavie a parallèlement permis l'entrée des USA dans le jeu balkanique et à l'établissement d'une continuité stratégique presque continue entre les nouveaux membres de l'OTAN et la Turquie, sur le flanc Sud de la Russie. La Yougoslavie a cherché un soutien de la Russie pour rééquilibrer la situation, sans succès majeur. En ex-URSS, l'Ukraine est enfin encouragée à se détacher de la Russie tandis que plusieurs républiques du Caucase et d'Asie centrale sont invitées à rejoindre l'espace économico-stratégique, sous leadership américain. Ces dernières sont le théâtre de rivalités pour le contrôle des ressources pétrolières et gazières de leur sous-sol... Le foyer de tension est particulièrement vif dans le Caucase[12]. Le « jeu » consiste pour la Russie à essayer de maintenir un contrôle sur les ressources pétrolières et gazières de la zone en privilégiant le transit des ressources à travers son territoire. Elle peut ainsi exercer une tutelle sur les États producteurs. Les USA s'immiscent dans le jeu régional afin de tenter de trouver des solutions pour faire évacuer ces ressources sans transiter par le territoire russe, et donc écarter les ex-républiques soviétiques du giron de la Russie. L'arrivée du président Poutine au pouvoir et l'aggravation de la guerre en Tchétchénie marquent indiscutablement une volonté de reconquête progressive des prérogatives russes dans cette zone. Le soutien de la Russie à la lutte des USA contre le terrorisme, après les attentats de septembre à New York, marque un changement de tactique, sans doute pas de stratégie.

Sur l'est du continent eurasiatique, le jeu entre unipolarité et multipolarité est également engagé et c'est la Chine qui est au centre des préoccupations américaines. La Chine a aujourd'hui l'ambition de s'intégrer dans le système commercial international et les USA lui apportent un soutien officiel dans cette quête. La Chine a particulièrement besoin de cette ouverture au commerce international pour s'affirmer à l'échelle mondiale. La hantise américaine de la naissance d'une entité stratégique chinoise, qui lui serait hostile, est néanmoins une crainte non dissimulée. Le Japon, principal allié des États-Unis en Asie, se voit alors paradoxalement poussé par les États-unis à jouer un rôle géopolitique plus important. C'est une aubaine pour ceux qui réclament une marge de manœuvre élargie du Japon vis-à-vis de son protecteur.

L'Europe est une entité en devenir, qui a l'ambition de devenir un acteur qui compte sur la scène mondiale. L'ambition européenne n'est pas nouvelle et le débat « leadership américain versus souveraineté européenne » va perdurer[13]. La rivalité entre l'Union européenne et les États-Unis est essentiellement économique. L'Union européenne s'affirme progressivement dans le domaine commercial grâce aux bénéfices tirés du marché unique. Dans le domaine monétaire, la mise en place de l'euro marque également le souhait de l'Union européenne d'offrir une alternative au dollars en tant que monnaie de réserve internationale. Mais peut-on séparer le domaine militaire et l'économie lorsque l'on prend en compte les gains financiers et politiques que les États peuvent obtenir en se positionnant sur les marchés mondiaux de l'armement ? Les États européens tentent de construire progressivement un complexe militaro-industriel plus ou moins cohérent et capable de rivaliser avec leur équivalent nord-américain. La décision récente, au salon du Bourget de 2001, par certains États européens de se lancer dans la construction et l'achat du futur avion de transport militaire d'Airbus est certainement une étape décisive pour le rapprochement entre les domaines civil et militaire de l'industrie européenne. L'Union européenne a donc réussi à se constituer en entité distincte et visible en ce qui concerne son économie et son industrie. Le récent veto de la Commission européenne au sujet de la fusion des deux géants américains, General Electric et Honeywell, en est la consécration éclatante. Le Commissaire européen, Pascal Lamy, n'a-t-il pas déclaré a ce sujet que la Commission doit pouvoir remplir sa mission de « bouclier juridique d'Airbus[14] ». L'Union européenne peine pourtant à construire une politique étrangère et de sécurité commune, cohérente et efficace, qui compléterait les avancées dans les domaines économique et financier. Les États qui composent l'Union européenne ont des ambitions très variables quant aux finalités. C'est l'une des principales difficultés pour son affirmation stratégique au niveau mondial.

Le Royaume-Uni se range ainsi encore volontiers aux côtés des États-Unis sur un grand nombre de questions stratégiques, dont le dossier irakien. Il reste également un membre clé du réseau d'espionnage Échelon composé par les États-Unis, le Royaume-Uni, le Canada, l'Australie et la Nouvelle-Zélande, et ce au risque de créer des tensions avec ses partenaires européens si grâce à l'utilisation de ce réseau, on apportait la preuve des accusations d'espionnage industriel.

L'élargissement de l'Union européenne à l'Europe centrale et orientale va certainement renforcer, à long terme, le marché unique européen et lui donner des atouts supplémentaires dans la compétition économique globale. L'incertitude est plus grande en ce qui concerne l'adhésion à une défense autonome européenne car le lien avec l'OTAN est primordial pour le renforcement de la sécurité de ces États vis-à-vis de la Russie.

Cette émergence d'un monde multipolaire augmente certainement les possibilités de coopération, mais aussi les rivalités entre les acteurs sur la scène géopolitique mondiale. Le carcan de la guerre froide a en quelque sorte libéré les ambitions de certaines puissances régionales. En Amérique du Sud, le Brésil s'affirme progressivement. En Afrique, l'Afrique du Sud se veut un acteur incontournable. En Asie, l'Inde a montré sa détermination à renforcer son poids régional.

Un autre angle d'analyse, révélateur des rivalités géopolitiques, est l'observation de quelques-uns des conflits qui ont marqué la fin de la guerre froide.

Dans un monde où le système libéral politique mais surtout économique s'est généralisé, l'argumentaire des conflits prend aujourd'hui des formes différentes par rapport à la période précédente. L'argumentaire des conflits pendant la guerre froide était largement dominé par l'antagonisme entre le système communiste et le système économique et politique libéral. Si l'on examine quelques-uns des conflits qui ont caractérisé l'après-guerre froide, les raisons avancées par les États pour entrer en conflit sont devenues plus variables.

L'établissement d'un nouvel ordre international, basé sur la charte de l'ONU, a servi de motif officiel pour les États-Unis et ses alliés lors de la guerre du Golfe, mais cela leur a aussi facilité le contrôle des ressources pétrolières du Moyen-Orient. Un autre argumentaire largement utilisé est celui de la lutte contre le terrorisme. Il a été amplement utilisé par la Yougoslavie pour contrer ses républiques sécessionnistes, mais aussi la Russie pour garder le contrôle du Caucase et des républiques d'Asie centrale. Il est invoqué aujourd'hui par les USA pour réduire à néant les groupes terroristes mais également les États qui les soutiennent.

L'argumentaire humanitaire est aussi invoqué par les États-Unis et ses alliés dans les Balkans, lors de l'intervention de l'OTAN dans la guerre de Bosnie et du Kosovo. La théorie de l'ingérence débouche pourtant bien souvent sur la déstabilisation des régions concernées, comme le montre la « balkanisation » en ex-Yougoslavie. De plus, la mise sous tutelle de la Bosnie et du Kosovo, par les forces de l'OTAN, dans le processus de dislocation de l'ex-Yougoslavie masque largement les rivalités entre les États qui participent à la protection des territoires concernés. Les marchés de la reconstruction ont aiguisé les appétits. Chaque acteur s'est vu attribuer une zone de contrôle ainsi devenue une zone d'influence en matière économique.

Lorsque l'on cherche à aller au-delà des considérations officielles, les principaux motifs de conflits semblent relativement constants sous l'angle de la géopolitique : le contrôle de territoires, de positions géostratégiques avantageuses, de richesses naturelles, de routes commerciales, mais aussi le souci de barrer la route aux rivaux potentiels ou affirmés. Contrôler et contrer, « cette binarité simple résume toutes les possibilités du champ géopolitique[15] ».

En résumé, la fin de la guerre froide a donc permis l'avènement progressif d'un environnement géopolitique beaucoup plus fluide. Il est en opposition avec l'équilibre bipolaire qui a perduré pendant la deuxième moitié du 20e siècle. La progression vers un monde multipolaire semble inéluctable, mais rien ne permet cependant de dire si cette évolution est positive ou négative, au regard de la stabilité internationale à long terme. On constate simplement que la compétition entre les acteurs internationaux est vive et que les domaines de friction sont multiples : le commerce, les finances, les questions stratégiques et militaires. La frontière entre les différents registres est par ailleurs de plus en plus difficile à tracer. À la grande différence de la guerre froide, les acteurs du jeu géopolitique international sont de plus en plus souvent à la fois partenaires et rivaux, au sein du large spectre des enjeux géopolitiques en présence. Les motivations véritables de leurs actions continuent pourtant d'être largement occultées par les argumentaires officiels.

Les entreprises

Selon une étude réalisée par Ernst & Young LLP en 1995, les principaux commanditaires des agressions économiques sont les concurrents (39%), les clients (19%), les fournisseurs (9%) et les services secrets (7%). « Lors d'une visite tout à fait anodine de l'entreprise de l'un de mes concurrents, j'ai eu l'occasion de visiter ses entrepôts. J'ai ainsi pu découvrir quels étaient ses fournisseurs, dont les noms figuraient sur toutes les marchandises. Depuis lors, mes entrepôts sont le seul endroit que je ne fais plus jamais visiter, même aux journalistes ! », raconte un chef d'entreprise, qui ne pipe mot des informations qu'il a ainsi récoltées. La première menace à laquelle ont à faire face les entreprises provient du secteur dans lequel elles sont actives. Les nombreux exemples de cadres japonais ou russes visitant des entreprises dans le cadre « d'échanges » ou de visites de courtoisie sont devenus des cas d'école : sans appareils photographiques apparents ni caméras nichées dans une épingle de cravate ou une paire de lunettes, ils se baladaient partout simplement chaussés de souliers « spéciaux » qui agrégeait les poussières présentes sur le sol. Rentrés au bercail, ils avaient tout le loisir d'analyser ces fines pellicules de poussière qui avaient adhéré à leurs semelles ! Les techniques de capture de l'information ne sont, en réalité, limitées que par l'imagination et le degré de créativité de leurs promoteurs. De plus en plus, les grandes entreprises font appel à des détectives ou à des sociétés de renseignement privées quand elles ne mettent pas elles-mêmes sur pied des réseaux d'informateurs ou créent en leur sein de véritables services de renseignement. Ces réseaux de correspondants spécialisés sont « chargés d'observer et de recueillir des renseignements de nature informelle et non structurée. Ils utilisent, pour transmettre leurs informations aux analystes, des formulaires standardisés aussi appelés «capteurs d'informations». Ce sont soit des «voyageurs» de l'entreprise, soit des représentants qui, par leurs contacts privilégiés avec les fournisseurs, les sous-traitants, les clients, peuvent obtenir de l'information fraîche sur les besoins, les projets, les évolutions des concurrents[16] ».

Devisant sur les risques d'espionnage industriel, un responsable d'une société active dans le domaine des systèmes de sécurité se souvient du manège d'un bien étrange correspondant. « Un jour, raconte-t-il, j'ai été contacté par un monsieur très aimable qui se disait intéressé par la reprise de ma société. N'ayant aucun désir de vendre, j'ai décliné l'offre et l'affaire en est restée là. Mais cette affaire avait attiré mon attention et, plus tard, j'ai appris que ce monsieur parcourait l'Europe à la recherche d'entreprises «à reprendre», sans jamais rien acheter ! » À l'évidence, cette personne démarchait des entreprises ciblées dans le but très précis d'obtenir des informations les concernant. Une technique souvent pratiquée, mais qui, heureusement, ne fonctionne pas toujours…

Peut-on, de façon structurée, définir des secteurs d'activités dans lesquels les risques d'espionnage industriel ou économique seraient *a priori* plus élevés que dans d'autres ? Il serait sans doute maladroit de pointer du doigt tel ou tel secteur ; en revanche, il est permis de faire ressortir des constantes communes à plusieurs secteurs d'activités qui, intrinsèquement ou de par leur évolution propre, sont susceptibles de générer des opérations offensives de la part de l'environnement, qu'il soit privé, public ou para-public.

– **L'hyper-compétitivité** : il est clair qu'une entreprise qui se débat face à des concurrents acharnés, dans un secteur où chaque part de marché est primordiale, devra particulièrement être attentive. Il est manifeste que dans l'agroalimentaire, dans l'industrie pharmaceutique, dans le secteur des biotechnologies, du génie génétique ou des télécommunications par exemple, la concurrence, rendue encore plus dure par l'explosion des marchés et les nombreuses fusions qui en découlent, pousse les acteurs économiques à déployer des moyens parfois colossaux pour se maintenir à flot.

– **Le développement d'un know-how propre** : les manœuvres déloyales vont parfois se nicher dans des secteurs auxquels l'on ne songe pas *a priori.* « Dans le domaine des arômes naturels, l'espionnage est chose courante, raconte la responsable d'une PME. Toutes les entreprises qui sont actives dans cette niche, dont le poids va croissant, travaillent de la même manière et, en général, sur les mêmes produits. Mais, après deux ou trois ans d'activités, elles se mettent toutes à développer des logiciels propres, à emmagasiner les résultats de recherches parfois très longues : c'est à ce moment précis qu'elles prennent de l'importance et qu'elles rentrent véritablement dans la compétition ! C'est la raison pour laquelle nous ne faisons jamais visiter notre laboratoire à nos invités. Je pourrais ainsi vous citer le cas d'un salarié qui s'apprêtait à changer de société et dont le nouvel employeur avait enjoint d'emmener avec lui le contenu du disque dur contenant toutes les données sensibles de son ancienne entreprise. Ce genre de chose est monnaie courante. »

– **La production de produits ou de services d'importance stratégique :** la position stratégique d'une entreprise sur le marché dépend de son statut dans les domaines de la R&D, des procédés de fabrication, des lignes de produits, du financement, de la commercialisation, de la distribution, de l'achat et de la main d'œuvre. Ces différents aspects présentent un intérêt évident pour tout concurrent, car ils renseignent sur les points faibles et les projets d'une entreprise, permettant ainsi de prendre d'éventuelles contre-mesures stratégiques[17].

– **Une position « en pointe » dans un secteur donné** : la rapidité des mutations technologiques génère des disparités dans les entreprises actives dans un même secteur. Une société, dans ce contexte, pourrait être tentée de « rattraper » son retard en utilisant tous les moyens à sa disposition. Y compris, des moyens illégaux.

– **Le coût et la lenteur d'un processus de production :** c'est tout particulièrement le cas dans le secteur pharmaceutique, où le temps nécessaire pour développer une nouvelle molécule, qui donnera naissance à un nouveau médicament, ainsi que le coût occasionné par la recherche pour la mettre au point provoquent des tensions aisément palpables entre les concurrents. Certains n'hésitent pas dès lors à s'approprier le fruit de plusieurs années de recherche ou à le décrédibiliser ! Dans son ouvrage[18], Rémi Kauffer s'est attaché à déconstruire point par point les mécanismes de désinformation utilisés, notamment dans les secteurs aéronautique et pharmaceutique.

Les milieux académiques

Des cibles privilégiées

Dans son rapport de 1998, le Comité R tentait une première évaluation des menaces pesant sur les milieux académiques et autres centres de recherche. « Les universités et les centres scientifiques, pouvait-on y lire, ont toujours été une cible privilégiée en matière de renseignement. L'esprit d'ouverture et le manque chronique de méfiance des chercheurs vis-à-vis de leurs collègues et homologues étrangers ont de tout temps fait de ces centres publics de recherche une cible facile pour les agents des services de renseignement. » Précisant que si le milieu académique est très difficile à protéger, s'agissant d'un monde de spécialistes qui ne perçoivent pas toujours le lien entre les résultats de leur travail et un bénéfice autre que scientifique, le Comité R constatait que cette matière restait souvent « incompréhensible pour les experts de la sécurité, qui ne sont pas des hommes de science (et que), paradoxalement, les chercheurs scientifiques, confiants envers leurs collègues, développent une attitude méfiante vis-à-vis de ces profanes du monde scientifique, qui de plus se permettent de les conseiller ou de les inviter à suivre certaines règles de sécurité ». Un comble ! Et pourtant, les auteurs du rapport mettent le doigt sur un point crucial : comment bâtir des ponts entre des scientifiques inconscients des risques potentiels qu'ils courent et des professionnels de la sécurité qui ne sont pas formés pour comprendre ce qu'ils doivent protéger ? Dans de rares cas, « motivées notamment par le fait qu'elles tentent de commercialiser le produit de leurs recherches et qu'elles doivent disposer d'un budget non déficitaire[19] », certaines universités, comme l'université flamande de Louvain (KUL), acceptent à contre cœur une collaboration occasionnelle avec les représentants des services secrets. Cette collaboration consiste à signaler aux services les agissements suspects de certains chercheurs ou étudiants étrangers et à fournir des informations sur les chercheurs ou étudiants qui sont connus pour des activités suspectes ou qui en développent. Si cet aspect est loin d'être négligeable – on sait que certains États (l'Inde, le Pakistan, la Chine, certains pays arabes, la Russie, etc.) sont passés maîtres dans l'art d'envoyer des étudiants dans les laboratoires les plus performants du monde entier –, il ne s'agit là que d'initiatives sporadiques qui ne reflètent pas le climat de défiance polie régnant entre les services chargés de la protection du potentiel scientifique et les milieux académiques.

Spin-offs en pagaille

L'apparition dans le paysage économique européen d'une nouvelle forme d'entreprise – les spin-offs – a créé une nouvelle faille dans le monde académique. Phénomène relativement récent en Europe, où les premières spin-offs universitaires n'ont réellement pris leur essor qu'à partir du milieu des années 80, ce type de sociétés a d'abord connu ses heures de gloire aux États-Unis, berceau de l'entrepreneuriat universitaire, autour de la « Silicon Valley » ou de la « Route 128 ». Issues des universités, ces petites structures – dont certaines sont aujourd'hui les fleurons de l'économie – présentent des avantages évidents, tant sur le plan de la création d'emploi que sur les niches dans lesquelles on les retrouve. Selon une étude réalisée par le Centre de Recherche PME et d'Entrepreneuriat de l'université de Liège, mise à jour deux ans plus tard[20] et portant sur plus d'une centaine de spin-offs universitaires belges, celles-ci sont en majorité concentrées dans trois secteurs d'activités dominants : les nouvelles technologies de l'information et de la communication ou NTIC (29%), le conseil aux entreprises (25%) et l'industrie pharmaceutique et les biotechnologies. Sur un plan purement économique, leur apport est loin d'être négligeable, puisque les quelque 137 spin-offs universitaires belges recensées génèrent une valeur ajoutée globale de plus de 1,6 milliards d'euros. Elles allient des points positifs – produits de haute technologie à haute valeur ajoutée, personnel très compétent, laboratoires de recherche à disposition, etc. –, pâtissant dans le même temps de faiblesses liées à leur structure, à leur mentalité et à la nature même de leur activité.

Permettons-nous ici une petite anecdote. Les bureaux étaient fonctionnels mais agréables. Rendez-vous avait été pris entre un journaliste et l'administrateur délégué d'une petite société, spin-off d'une université. Active dans le secteur très pointu de la simulation acoustique, elle employait, outre les deux chercheurs de réputation internationale à l'origine de sa création, deux jeunes étudiants issus également du sérail universitaire. L'objectif de la rencontre : rédiger le portrait de l'entreprise pour un magazine économique. L'interview terminée, l'un des responsables confia au journaliste « que sa société participait également au développement du futur A3XX » (nda : le nom définitif est l'A380), le « superjumbo » mis au point par le constructeur aéronautique européen Airbus. La contribution de la petite société : rien moins que l'évaluation et l'amélioration de la sonorisation du plus gros porteur au monde. Un contrat en or ! Question : était-il judicieux de « balancer » ce type d'information à un journaliste, dont ils avaient, par ailleurs, omis de vérifier l'identité ? Probablement connue au sein du petit monde des constructeurs, cette information pouvait néanmoins prendre une valeur stratégique indéniable dans le cadre de la guerre économique sans merci que se livrent les géants du secteur, Airbus et Boeing, pour la maîtrise du ciel.

L'espionnage industriel se réalise presque toujours par le biais des relations humaines[21]. Mais, visiblement, les promoteurs de cette société n'avaient pas imaginé un instant que le journaliste aurait pu être envoyé par quelqu'un, que l'article ne pouvait être qu'un prétexte et que cette rencontre ne pouvait être que la partie émergée d'une offensive de grande ampleur, orchestrée à plusieurs milliers de kilomètres de là ! Il n'en était heureusement rien ; toutefois, cette anecdote reflète parfaitement la naïveté de ces spin-offs, habituées à évoluer dans un monde ouvert et dénuées de toute arrière-pensée.

Il est permis aussi de s'interroger sur les « missions » qui sont proposées aux spin-offs et les contrats qu'elles signent avec des sociétés établies, voire des multinationales. Pour ces petites structures, qui démarrent bien souvent avec peu de moyens mais une besace débordant de bonne volonté, ces contrats, payés rubis sur ongle, représentent bien souvent deux ou trois années de travail assurées et la possibilité de pouvoir payer les membres de l'équipe. Peu accoutumées aux risques du marché, elles foncent tête baissée sans véritablement s'interroger ni sur ce qui leur est demandé de réaliser, ni sur le sort qui sera réservé à leurs recherches. « Nous nous sommes ainsi rendu compte que des recherches commanditées par d'importantes sociétés menaient en réalité à une impasse ou vers de fausses pistes, indique un membre d'un service de renseignement européen. Les premiers élans d'enthousiasme passés, certains chercheurs ont réalisé que leurs recherches étaient utilisées soit à d'autres fins que celles qui étaient initialement prévues, soit qu'elles n'étaient pas utilisées du tout ! Pourquoi ? Pour leur faire perdre du temps ? Pour les empêcher de développer et trouver des solutions sur lesquelles travaillent ces multinationales ? » Ces craintes trouvent un écho dans une récente étude publiée par quatre professeurs d'universités belges, qui se sont penchés sur le paysage belge de l'innovation[22]. Entre autres éléments d'analyse, ils ont ainsi épinglé que le recours au dépôt de brevets était largement inférieur à la moyenne européenne, une situation qui s'explique partiellement par la forte dépendance envers les multinationales étrangères qui rapatrient les résultats de leurs recherches vers la maison mère. Si ce constat ne relève pas à proprement parler d'espionnage économique, il nous plonge, en revanche, en plein dans la problématique de la mise en place de mécanismes efficaces de protection du potentiel économique et scientifique national.

Des victimes aux abonnés absents

La difficulté majeure à laquelle l'on se heurte inévitablement consiste à rassembler des données factuelles et précises sur les dommages réels occasionnés par l'espionnage industriel ou économique. À l'instar des victimes de piratage informatique ou de fraudes, les entreprises victimes de ce type d'activités consentent rarement – c'est un euphémisme – à en parler. D'un rapport américain publié en 1995 par le National Counterintelligence Center, il ressort que 42% des chefs d'entreprise interrogés ont décidé de passer sous silence les faits d'espionnage dont ils avaient été l'objet. Selon les sources et les pays, les pertes financières peuvent s'élever de quelques centaines de millions à plusieurs milliards de dollars par an. Il serait cependant réducteur de limiter les dommages à leur seule dimension financière, et d'occulter les préjudices d'ordre moral, notamment en termes d'atteinte à l'image de marque des entreprises victimes ou de perte de confiance des actionnaires et des partenaires commerciaux. À long terme, l'espionnage économique provoquera inévitablement des pertes d'emplois ainsi qu'une érosion des investissements dans le domaine de la R&D. « Les coûts associés à la conception et à la concrétisation de nouvelles idées sont très élevés. Dès lors le vol d'une nouvelle technologie ou des résultats des recherches effectuées dans le cadre d'un seul projet peuvent désormais décourager tout effort en ce sens. Les poursuites judiciaires, qui peuvent être longues et infructueuses, ne permettent jamais de compenser le préjudice subi. Le processus peut en outre se révéler particulièrement complexe, long et onéreux si les poursuites sont engagées à l'étranger[23]. »

Le renseignement privé et d'État

L'État au service de son économie

Implication politique et économique de l'État

Quand un État met toute la force de sa diplomatie et son poids politique dans le cadre de négociation internationale pour défendre son point de vue, mais aussi – surtout – celui de ses entreprises, que fait-il sinon s'impliquer directement dans l'organisation du commerce ? Mais, « le pouvoir politique n'est plus l'unique détenteur de l'autorité décisionnelle. Il est contraint de la partager avec des groupes, des réseaux, des clans qui ont éclos bien souvent en son sein et dont il ne contrôle plus la puissance[24]. » De tout temps, les États ont publiquement soutenu leur économie via les aides directes et indirectes aux entreprises ou la promulgation de barrières douanières, quotas et autres normes restrictives, mais aussi, en vue d'encourager et de faciliter les exportations, par le biais des consulats, des ambassades ou des représentations économiques. Côté pile, ils utilisent aussi des outils occultes, plus discrets tels que les canaux diplomatiques ou leurs services de renseignement qui peuvent initier ou prolonger des manœuvres officielles. Aucun État ne reconnaît publiquement cette interpénétration des sphères publique et privée. Il s'agit pourtant d'une évidence qu'aucun spécialiste ne songe à mettre en doute.

Le rôle des services secrets

Depuis la fin de la guerre froide – ou plutôt son ralentissement, diront les puristes – les grands services de renseignement ont, quasiment tous, traversé une période de transition qui les vit se trouver de nouvelles missions, voire s'en inventer, afin de justifier ou de pérenniser leur existence. Il est apparu assez rapidement que la fin des deux blocs, l'éclatement des marchés, la suppression des frontières et la suprématie incontestable des États-Unis avaient considérablement modifié le contexte politique, économique et stratégique du monde. De nombreux experts ont d'ailleurs fait leur credo du glissement de l'état de guerre « traditionnelle » vers une situation de guerre économique, puis, concomitamment – ou corollairement – vers une situation de guerre de l'information, traduction un peu malheureuse du concept américain d'*Infowar*. Au sein des grandes centrales de renseignement, mais aussi dans les milieux académiques, les *think tanks* et les états-majors, un débat s'est fait jour : fallait-il favoriser et intensifier l'implication des services dans la sphère économique ? Adversaires et partisans de cette évolution avancent arguments et contre-arguments à l'appui de leurs thèses. En d'autres termes, les services doivent-ils développer leurs activités d'espionnage économique et, dans l'affirmative, selon quelles modalités, dans quelle proportion et suivant quels critères ? Dans une étude réalisée par le Service Canadien du Renseignement de Sécurité (SCRS), l'auteur remarque « qu'il ressort de presque toutes les analyses portant sur l'espionnage économique que l'intervention des services de renseignement est peut-être une perte de temps et d'argent, vu la nature «apatride» des multinationales[25] ».

Quelques remarques liminaires. Tout d'abord, de tout temps, les services de renseignement ont mené des opérations – bien que souvent inspirées, il est vrai, par des impératifs de nature militaire – de type économique. Il n'y a donc rien de vraiment neuf sous le soleil. Cette question dépasse, aujourd'hui, largement la sphère de la communauté du renseignement. La montée en puissance des entreprises, mais aussi des cabinets internationaux de consultance ou d'avocats et des officines privées de renseignement, et leur implication, le plus souvent indirecte, dans des opérations offensives menées à l'encontre de concurrents ou pour le compte de leurs clients, ont sensiblement modifié le contexte général. Les acteurs se sont multipliés ; ils se sont aussi professionnalisés. Cette professionnalisation s'explique par la double impulsion d'anciens du renseignement reconvertis dans le secteur privé et de l'entrée au sein des services de certains « profils » : économistes, financiers, etc. Depuis quelques années, le malaise des services de renseignement est palpable. Face à l'écroulement du Bloc de l'Est qui a induit des bouleversements géopolitiques, face à la redéfinition des menaces et, corollairement, de leurs missions, face au développement faramineux des nouvelles technologies de l'information et de la communication (NTIC), les services secrets appréhendent clairement la nouvelle donne que représente le paradigme économique. D'autant que leur participation, sous une forme ou sous une autre, à la guerre économique entraîne irrémédiablement ce qu'ils considèrent comme une confusion des genres et, sur le plan international, un gène d'altération des relations entre services.

Objet de controverse, l'implication des services secrets dans la collecte d'informations d'ordre économique se heurte à un problème de taille, celui de la diffusion des renseignements collectés. Selon quels critères convient-il de favoriser tel ou tel secteur d'activités ? Comment organiser le partage équitable des informations récoltées ? Pourquoi favoriser telle entreprise au détriment de telle autre ? Comment mettre en place, de manière pérenne, cette liaison entre des services de l'État et le secteur privé ? François Géré a-t-il raison d'affirmer « qu'une entreprise qui sollicite les services de la CIA ou de la DGSE manifeste simplement qu'elle va mal[26] » ? Selon cet expert, « un État qui autorise ses services de renseignement à obtenir clandestinement des informations pour les mettre au service d'intérêts privés commet à la fois une erreur d'orientation stratégique et une faute grave à l'égard des engagements qu'il a pris dans le cadre des accords commerciaux internationaux ».

Les adversaires de l'espionnage économique offensif mené en faveur du secteur privé avancent plusieurs arguments, au nombre desquels le fait que les renseignements ainsi fournis à une entreprise ou aux représentants d'un secteur représenteraient rien moins qu'une subvention étatique déguisée et, en tout cas, un gaspillage de ressources. Sur un autre plan, ils stigmatisent également l'émergence, que ferait naître l'espionnage économique, d'éléments de discorde entre des pays alliés. À l'inverse des relations politiques ou diplomatiques, parfois ambivalentes, qui autorisent des zones de flou « constructif », en matière de commerce, en revanche, il n'existe pas « d'amis » : un marché – et son cortège de conséquences en termes d'emplois ou de revenus – se perd ou se gagne !

Pour les partisans, il convient de soutenir les entreprises nationales jugées stratégiques – encore convient-il d'en arrêter une définition précise – par des subventions ciblées. « En réduisant ainsi leurs coûts, les gouvernements leur permettent, en théorie, de générer davantage de bénéfices exceptionnels et de retombées qui profitent à l'ensemble du pays[27]. » C'est là une lecture différente de la distribution de subventions susceptibles, dans ce cas, de réduire les subventions directes et de fournir un avantage concurrentiel aux entreprises, de leur permettre d'accroître leur parts de marché et, partant, la richesse du pays. Enfin, il est clair que des opérations bien dirigées peuvent, si pas renflouer les caisses de l'État, à tout le moins lui faire épargner des milliards en R&D et l'aider à réduire un retard technologique. Le cas de la Russie est éloquent à cet égard.

On le voit, le sujet passionne et génère une nuée de controverses, dont il est néanmoins possible de tirer des enseignements. Primo, nous l'avons déjà dit, de tout temps, les services secrets ont participé, de manière directe ou indirecte, à la récolte de renseignements d'ordre économique. Ce type d'activités fait partie intégrante des relations économiques internationales. Il est cependant probable que la pratique est aujourd'hui davantage développée que par le passé. Ces dernières années, on a ainsi vu plusieurs services engager des *hackers* ou des professionnels de l'informatique pour pratiquer des intrusions dans les réseaux informatiques du monde entier. Le SVR (successeur du KGB), la CIA, les services chinois, mais d'autres services également ont été à plusieurs reprises suspectés de pratiquer ce genre de sport. En 1998, en France, des rumeurs persistantes ont ainsi fait état de la création d'une unité d'informaticiens d'élite maîtrisant parfaitement les techniques d'intrusion, qu'on surnommait non sans humour le « 11e Soft », en référence au mythique « 11e Choc »[28]. Secundo, en dépit de déclarations contradictoires, plusieurs anciens patrons de grands services se sont prononcé dans ce sens, affirmant on ne peut plus clairement qu'ils pratiquaient ce type d'activités. Tertio, cette évidence n'empêche nullement tous ces services de se présenter comme les victimes innocentes des méchantes actions de leurs collègues étrangers ! Comme le note avec ironie Samuel Porteous, analyste dans l'une des directions générales du Service Canadien du Renseignement de Sécurité, « si l'on en croit les articles sur l'espionnage économique publiés dans la presse nord-américaine, le Nouveau Monde est la cible des pratiques de corrompus – cela va de soi – de l'Ancien Monde et de l'Orient mystérieux. (...) Les observateurs analysent même le plus sérieusement du monde les «qualités culturelles et morales» uniques du milieu des affaires nord-américain, lesquelles rendent son environnement économique plus vulnérable à l'espionnage économique que celui des milieux d'affaires européens ou asiatiques[29] » ! Et de reprendre les doléances de ces Européens et Asiatiques à l'encontre des Américains. Bref, personne n'est ni tout blanc ni tout noir.

S'il est donc une véritable question, qui est potentiellement génératrice de problèmes fondamentaux et qui mérite une réponse charpentée, c'est bien celle de la redistribution équitable des renseignements récoltés et des critères de sélection des entreprises ou des entités qui en bénéficieront.

Sans doute moins pour des raisons de survie qu'en guise de réponse pratique à une nouvelle demande, la majorité des services secrets ont trouvé, après il est vrai quelques années de flottement, des solutions personnelles à cette équation perturbante. Des « recettes » qui varieront en fonction de la position et de la puissance du pays dont ils sont issus, mais aussi de la culture de chacun d'eux, de leur passé et de leur degré de réalisme ou d'hypocrisie.

Le MI5 offre ses espions aux entreprises

Quand les Américains accusent les services secrets français d'aider certaines entreprises de l'Hexagone, à Londres, le MI5, le contre-espionnage anglais, ne se cache pas pour faire du prosélytisme. Pour la première fois, en septembre 2001, à l'invitation du MI5 et du Whitehall and Industry Group, une institution qui cherche à rapprocher le gouvernement et le monde des affaires, un panel d'entreprises actives dans le commerce et la finance a assisté à un séminaire intitulé « Secret Work in an Open Society ». Parmi les invités, triés sur le volet, on retrouvait des entreprises telles que British Telecom, Rolls-Royce, BP, Ernst & Young, Allied Domecq, Cadbury Schweppes, etc. L'objectif : poser les jalons d'une collaboration plus franche et plus directe entre le monde de l'entreprise et les services du gouvernement. Le message délivré par Sir Stephen Lander, le directeur général du MI5 qui présidait ce séminaire, est on ne peut plus clair : le MI5 est prêt à aider les entreprises anglaises qui en font la demande et à leur fournir des renseignements sur leurs partenaires et leurs concurrents étrangers. À condition toutefois de ne pas entraver la loi sur la protection de la vie privée ou les droits de l'homme. Transparaissait aussi dans le discours de Sir Stephen Lander, en filigrane et en contre-poids de son « offre », la possibilité pour son service de bénéficier de temps en temps d'un retour d'ascenseur. « Des occasions se présenteront peut-être où vous pourrez nous renvoyer des informations », a-t-il dit. En dépit de la discrétion qui a entouré cette réunion, le message semble être bien passé...

La privatisation du renseignement

Ainsi que le souligne judicieusement le commissaire principal des RG Brigitte Henri, spécialiste du traitement de l'information financière, le degré d'étanchéité entre les structures publiques et les structures privées varie en fonction des cultures nationales, des héritages historiques, des types de liens entretenus entre sphères du pouvoir et milieux d'affaires[30]. Les derniers avatars judiciaires de la société Elf illustrent parfaitement les connexions qui peuvent exister entre une société proche de l'État, dont elle représente partiellement les intérêts dans un secteur donné – en l'occurrence l'approvisionnement pétrolier – et un pouvoir centralisé.

D'origine anglo-saxonne, la privatisation du renseignement s'est véritablement amorcée dans les années 70. À partir de cette époque, on a assisté à une transmutation régulière d'officiers de haut rang de l'armée américaine vers les sphères privées, essentiellement les entreprises d'armement. Cette évolution offrait – et offre toujours – le double avantage de renforcer considérablement les liens entre les multiples acteurs du complexe militaro-industriel, d'offrir aux entreprises des compétences et des contacts dans les sphères du Pentagone, tout en resserrant les liens de confiance entre les secteurs public et privé. Cette tendance s'est nettement renforcée dans les décennies suivantes, élargie à d'autres secteurs et répercutée sous d'autres cieux. « En quelques années, le mythe du renseignement «sanctuarisé», limité à la sphère étatique, s'est ainsi progressivement estompé au profit d'une vision dynamique, pragmatique et évolutive de sa doctrine d'emploi. À défaut d'être partagé, le renseignement, utile dans sa fonction économique, pouvait désormais être discuté avec les experts du secteur, confronté aux pratiques commerciales et se révéler créateur de valeur pour les acteurs du développement national[31]. »

Dans un domaine différent mais connexe, les États n'ont plus, à leur grand désespoir, le monopole de l'imagerie spatiale. Sur tous les continents, un nombre croissant de sociétés privées proposent aujourd'hui à leurs clients des images satellites dont la définition se rapproche très sensiblement de celle des agences militaires spécialisées. Depuis le début des années 90, on constate un schéma identique dans le monde du renseignement avec, notamment, l'explosion des officines privées de renseignement. Il s'agit donc réellement d'une tendance générale qui, loin de s'affadir, semble très nettement se confirmer.

Dans le domaine du renseignement, cette tendance à la privatisation s'est réalisée sous l'action de deux facteurs prédominants : d'une part, la réduction progressive des budgets alloués aux agences nationales de renseignement et, de l'autre, la croissance de la demande en termes de renseignement et l'explosion des sources et des méthodes de recherche[32]. Pour Robert Steele, les sociétés modernes ont définitivement fait leur entrée dans l'ère de la *guerre totale*, la guerre entre les nations ayant cédé la place à une guerre entre des organisations et des individus, dont le champ de bataille est économique et l'objectif majeur, l'obtention d'un avantage financier. Dans la revue « International Defense & Technologies », il déclarait sans ambages que la paix comme la guerre se joueraient dorénavant sur le terrain de la connaissance : « Ce terrain est un continuum de l'information qui englobe les écoles, les universités, les bibliothèques, les entreprises, les agences privées d'investigation et d'information, la presse écrite et la télévision, les gouvernements à un échelon local et national (...) et, enfin, en dernier lieu seulement, les organisations nationales de renseignement dans leurs définitions traditionnelles : espions et satellites ». Steele prêche évidemment pour sa chapelle, mais il souligne à juste titre la perte de monopole des services de renseignement, dont la sphère d'action se voit progressivement grignotée par une kyrielle de nouveaux acteurs.

Cette translation des intérêts nationaux, étatiques et publics vers la sphère privée s'accompagne de conséquences que d'aucuns jugent dommageables, voire néfastes. Quel contrôle, en effet, est-on encore capable d'exercer sur une entreprise de renseignement privée, régie par les règles de commerce et soumise aux obligations de rentabilité et aux objectifs de ses actionnaires ? Et quand cette société entretient, ne fût-ce que parce qu'elle emploie des anciens d'un service secret quelconque, des relations – qu'elle niera toujours – avec un État particulier, comment s'assurer que les services qu'elle offre, les informations qu'elle obtiendra ne seront pas transmis à d'autres ? « Ce risque est tout à fait inexistant, affirmait avec force l'ancien de la DST Yves Baumelin, Associate Managing Director du cabinet international Kroll Associates[33], qui vaque aujourd'hui sous d'autres cieux. Vous n'imaginez pas les conséquences dramatiques pour un cabinet tel que le nôtre, dont la réputation internationale repose précisément sur la confidentialité, si nous écornions le contrat qui nous lie à nos clients. Notre réputation de sérieux serait à jamais ternie et notre viabilité réduite à zéro. La légalité est la clé de la longévité ! » Reprise en chœur par bon nombre de sociétés du même type ainsi que par les cabinets de veille ou d'intelligence économique, offensifs ou non, cette profession de foi est loin d'emporter tous nos suffrages.

Les services de renseignement ne voient d'ailleurs pas d'un très bon œil cette intrusion dans un domaine qui leur était naguère réservé. Leur réticence, voire leur inquiétude, s'explique en partie par « l'opposition possible entre les intérêts commerciaux d'un État-nation et ses intérêts politiques et militaires »[34], cette nouvelle conception de l'ennemi risquant « de remettre en question les réseaux traditionnels d'échange de renseignement ». Sauf à devenir schizophrène – ce qui est malgré tout le propre des agents de renseignement –, il ne sera pas aisé d'échanger des informations capitales sur tel ou tel mouvement terroriste avec ses collègues étrangers tout en leur occultant d'autres, par exemple sur une OPA agressive dans un secteur jugé stratégique. En outre, s'interrogent les spécialistes des services secrets, peut-on mettre sur un même pied des professionnels, aguerris par des années de lutte contre le Bloc de l'Est et maniant les techniques ancestrales du contre-espionnage et des « petits nouveaux qui jouent aux espions » ou ces dizaines d'étudiants qui ont suivi un DESS ou un master en intelligence économique ? Combat d'arrière-garde ? Craintes de voir leurs terrains d'action privilégiés réduits à la portion congrue ? Il est évident que l'arrivée sur le marché de néophytes ou de professionnels passés de l'autre côté de la barrière renforce le sentiment de flou, la crainte d'une multiplication potentielle des problèmes et d'une confusion des rôles. Particulièrement inquiétante, la multiplication des écoutes illégales pose un problème de taille. Ces écoutes n'ont rien à voir avec celles qui sont réalisées sous l'autorité d'un magistrat, dans le cadre strict de la loi. Leur nombre ? Si l'on en croit un rapport de 1997 réalisé par la Commission Nationale de Contrôle des Interceptions de Sécurité (CNCIS)[35], quelques 100 000 écoutes sauvages seraient effectuéessur le sol français. Un autre rapport de l'Institut des Hautes Études de la Sécurité Intérieure (IHESI) fait lui état d'un chiffre trois fois supérieur ! Quoi qu'il en soit, ces estimations ont de quoi inquiéter. À qui ces branchements sont-ils imputables ? Rares étant les « plombiers » indélicats qui se font pincer, on en est réduit aux supputations. En dépit de certains dérapages – on se souvient de la fumeuse Cellule élyséenne sous le régime Mitterrand –, l'on ne s'avancera pas en affirmant qu'elles sont probablement le fait de détectives peu scrupuleux, de cabinets spécialisés et, évidemment, de certains services de renseignement étrangers. Bref, même dans ce domaine, l'État n'a plus, loin s'en faut, le monopole de ce type d'activités. Il n'empêche, qu'elle séduise ou non, qu'elle soit prônée ou vouée aux gémonies, cette évolution vers une privatisation des activités de renseignement est une réalité incontestable.

Entreprises recrutent espions en mal de reconversion

Soucieuses de surveiller la concurrence et de prévoir ses réactions, de plus en plus d'entreprises créent en leur sein des *war rooms* et de véritables petits services de renseignement. Rien qu'aux États-Unis, à la fin des années 90, 85% des 500 premières sociétés américaines disposaient d'un service d'intelligence économique ! Sous les dénominations les plus diverses – ils sont rarement désignés comme tels –, ces services privés sont souvent constitués d'anciens agents de renseignement soucieux de terminer leur carrière en beauté avec, à la clé, un salaire plus qu'attractif. Certains États interdisent cependant à leurs espions de s'insérer dans le privé, dès leur départ de leur ancienne maison, afin d'éviter précisément une trop grande capillarité entre les sphères privée et publique. C'est notamment le cas en Belgique, où la loi impose une période de 5 ans aux agents de la Sûreté de l'État et du SGR, à dater de leur départ de leur service, avant de se voir engagés par une entreprise privée ou de créer la leur. Les géants de l'agroalimentaire, les compagnies aériennes (c'est un ancien commissaire des RG et de la DST qui dirige la *war room* d'Air France), les sociétés pétrolières, pharmaceutiques, de courrier express, d'armement ou de télécommunications, recrutent allègrement dans ce vivier de compétences que représentent les services secrets. Il n'y a là rien de vraiment étonnant : dans ces secteurs, la concurrence est effrénée et, bien souvent, tous les coups sont permis. D'aucuns vont même jusqu'à affirmer que de plus en plus d'entreprises disposent de leur propre « Échelon » pour espionner leurs clients ! John Young, par exemple, le propriétaire du site spécialisé Cryptome.org est l'un de ceux qui soutiennent que la panoplie des technologies de surveillance, très aisément disponibles sur le marché, a atteint un tel niveau qu'elles commencent à représenter une réelle menace. Et Young de lorgner vers la surveillance électromagnétique, l'analyse clandestine des activités on-line ou l'existence de portes dérobées dans les ordinateurs vendus sur le marché. « On n'a pratiquement rien publié sur ces outils technologiques qui pénètrent sur le marché des affaires et qui permettent d'espionner les concurrents et les consommateurs. La couverture médiatique d'Échelon a probablement permis de détourner le regard de l'espionnage commercial[36]. »

Cette perméabilité entre services de renseignement et entreprises d'une certaine taille se traduit aussi dans la panoplie des moyens techniques qu'elles utilisent. On retrouve ainsi, au sein des services de veille ou de documentation, des moteurs de recherche qui furent mis au point par et pour les services secrets. Le tout premier moteur de recherche français, baptisé Taïga (Traitement automatique de l'information géopolitique d'actualité) fut conçu, dans les années 80, pour le compte de la DGSE avant de tomber dans le domaine public. Fonctionnant à l'aide de mots clés, ce moteur de recherche performant permet de se livrer à des analyses sémantiques ou linguistiques, autorisant des recherches par concept. À la même époque, les informaticiens de la CIA conçoivent un moteur comparable, Topic, destiné à automatiser la collecte, le tri et l'analyse des informations disponibles dans les bases de données consacrées à l'Union soviétique. Depuis, de nombreux logiciels de même type ont été développés et sont très largement répandus dans les entreprises. Afin de ne jamais être prises en défaut de manœuvres déloyales, les grandes entreprises – qu'elles disposent ou non d'un service interne – font de plus en plus appel à des sociétés privées, qu'elles chargent de récolter l'information stratégique dont elles ont un crucial besoin.

Les officines privées

Cent mille écoutes illégales par an en France. Assénée en 1997 par la Commission Nationale des Interceptions de Sécurité (CNCIS), cette estimation interpelle. Pour la CNCIS, ces branchements illégaux sont rendus possibles par la multiplication d'officines qui prospèrent dans la vente, permise ou non, des matériels d'écoute ultraperfectionnés. Bien entendu non autorisées par les autorités, ces écoutes sont essentiellement pratiquées par des entreprises privées. Depuis quelques années, l'on a effectivement assisté à l'éclosion d'une noria de sociétés de renseignement privées ou d'intelligence économique, offrant toutes des services plus alléchants les uns que les autres. Pour les promoteurs de ces sociétés, il s'agit avant tout d'exploiter un vide – l'intelligence économique dans son sens le plus large (lobbying, risk-pays, renseignement économique, veille offensive, etc.) – et de proposer une alternative à ce qu'elles considèrent comme les lourdeurs des structures étatiques, insuffisamment en phase avec l'évolution de la société et mal adaptées aux nouveaux enjeux et à l'extrême rapidité des marchés. Leurs clients : les entreprises bien sûr, mais, de plus en plus souvent, les grands cabinets d'avocats, les banques, d'autres sociétés de renseignement, voire – quand leur taille ou leur réputation les y autorisent – les gouvernements. La plupart voient le jour sous l'impulsion d'anciens membres des services de police ou de renseignement pour qui la voie de la reconversion passe par ce type d'entreprises privées aux contours souvent flous, mais aux potentialités de développement certaines. Les plus puissantes d'entre elles sont très clairement américaines (Kroll Associates, Pinkerton, Decision Strategy Fairfax Group, Fuld & Co, etc.) et anglaises (Control Risks Group, Ciex, International Research Group, etc.), le reste du peloton étant constitué de leurs consœurs allemandes (KDM, Ully Cordes, etc.), françaises (Atlantic Intelligence, Salamandre, Telesis, Circé, Argos, Miallot & Associés, Geos, etc.), russes ou israélienne. L'ancien Bloc de l'Est offre en effet un champ d'opération quasi infini pour la kyrielle de sociétés privées qui foisonnent, notamment, à Moscou. Créées par d'anciens professionnels discrets et efficaces des « organes » – SVR, FSB, MVD, etc. –, les plus performantes de ces sociétés assurent des missions diverses – officielles et… d'autres moins officielles et moins légales – et adoptent, selon l'interlocuteur, des discours à double entrée ! Au client à savoir ce qu'il veut, jusqu'où il est prêt à aller… et ce qu'il est prêt à débourser. Si un certain nombre d'entre elles jouent sur un indéniable effet de mode qui présente l'intelligence économique comme l'Eldorado de l'économie du 21e siècle, d'autres, plus professionnelles, gérées sainement et dirigées par des anciens du renseignement qui maîtrisent le sujet – plaçant souvent, c'est une constante, les ressources humaine avant les moyens techniques –, prennent progressivement de l'ampleur.

Une poignée de cas, parmi tant d'autres...

Impossible, évidemment, de recenser l'ensemble des sociétés de renseignement privées dans lesquelles on retrouve des ex-officiers de renseignement. Aussi nous bornerons-nous à ne citer que quelques exemples symptomatiques[37]. À la tête de la société WarRoom Research, on retrouve deux anciens de la CIA, Steve Shaker et George Kardulias, qui officiaient à la direction des opérations ! La NSA, l'agence américaine d'interception et de sécurisation des communications, est également une grande pourvoyeuse de cadres d'entreprise. Avant d'occuper le poste de Director of Engineering de la société Technical intelligence Group, Inc, James K. Cowan a passé une importante partie de sa carrière à la NSA où il était entre autres responsable de l'Information Opérations Technology Center. La société française Geos est, quant à elle, dirigée par deux anciens du Service Action de la DGSE : le général Jean Heinrich a dirigé le bras armé de la DGSE, avant de rejoindre sa Direction des opérations ; il fut également le premier directeur de la DRM. Ancien cadre du service Action, Stéphane Gérardin, se présente, lui, comme spécialiste de l'analyse du risque et de la gestion de crise[38]. En France toujours, la société nantaise Atlantic Intelligence est actuellement dirigée par Philippe Legorju, qui a occupé la tête du GIGN, de 1985 à 1989.

Quant à la cellule de renseignement interne à Vivendi Environnement, une filiale du groupe Vivendi, elle se compose notamment d'un ancien lieutenant-colonel de gendarmerie, qui a dirigé la cellule emploi et qui a été cadre d'action au Commandement des écoles de la Gendarmerie. Spécialisée dans le conseil en prestations militaires, la discrète société Eric, fondée en 1990, est dirigée par Jean-Louis Chanas, un ancien officier de la DGSE. Au Royaume-Uni, Hakluyt & Company, qui forma un partenariat avec le cabinet Kissinger Associates en mars 2000, a été fondée en 1995 par Christopher James. Celui-ci partagea sa carrière entre le célèbre Special Air Service (SAS) et le MI6, le service de renseignement extérieur de Sa Gracieuse Majesté[39]. Fortement influencé par son passé au « 6 », James, dont la société fournit de l'information très pointue à une petite trentaine d'entreprises importantes, affirme leur fournir rien moins que... « la vérité ». Enfin, en Allemagne, les sociétés Ully Cordes et KDM, du nom de son patron Klaus-Dieter Matschke, ont également été fondées par des ancien des services de renseignement allemands. Cordes est un ancien du BKA ; Matschke du BND...

Aux États-Unis, des services comme la CIA ou la NSA ont fortement encouragé la reconversion d'une partie de leur personnel vers le secteur privé[40], une évolution qui leur permet, dans certains cas, de prolonger leur action sous couverture. La privatisation des activités occultes des États participent d'une volonté, dans un contexte de plus en plus normatif et contraignant, à poursuivre leur politique étrangère sous couvert d'une bannière moins voyante. Une tendance que l'on retrouve largement dans le secteur connexe du mercenariat, où certaines entreprises, telles que Sandline International, Executive Outcomes ou MPRI, constituent, dans certains cas (protection de mines de diamants, de champs pétrolifères, etc.) – on ne peut plus clairement –, le bras armé de leur gouvernement respectif. La privatisation des armées offre aux gouvernements de multiples avantages, dont ceux de pouvoir se retrancher derrière le « plausible denial », peser sur un pays de façon couverte, protéger ses intérêts nationaux, récolter une masse d'informations d'ordre militaire tant sur le pays client que sur ses ennemis, la possibilité de rester en retrait face à l'opinion publique et aux médias, etc. Ces mécanismes, parfaitement connus dans ce secteur, sont, à certains égards, comparables à ceux que l'on peut retrouver dans le renseignement.

Des Niçois spécialisés dans le renseignement confidentiel à haute valeur ajoutée

Afin de mieux cerner les ressorts qui actionnent l'univers du renseignement, les membres de la Commission temporaire Échelon du parlement européen ont écouté avec attention divers témoignages de responsables du renseignement, mais également d'experts de sociétés d'intelligence privées. Au nombre de celles-ci, Circé, une société apparue dans le paysage de l'intelligence économique en mars 1994, l'année du rapport Martre. Après sept ans d'activités, la société de Conseil International et Renseignements Confidentiels Économiques (Circé), établie à Nice, se profile comme l'un des leaders du secteur en France et jouit dans le cercle restreint des professionnels d'une réputation de sérieux. À ce jour, Circé, qui affiche un chiffre d'affaires de 1,5 million d'euros, emploie 12 permanents à Nice, de nombreux correspondants et s'appuie sur un réseau de 2 000 personnes, notamment en Thaïlande, au Liban ou en Indonésie. Outre sa base opérationnelle niçoise, le groupe se compose également d'une société située à Lyon (sécurité informatique) et d'une troisième, IntelEurope, en Suisse. Il dispose également de bureaux à Paris, Prague, Budapest, Hong-Kong et Bratislava ; prochainement, de nouveaux bureaux devraient s'ouvrir à Barcelone, Milan, Francfort et Bruxelles. Ces choix, mais aussi le récent partenariat privilégié avec sa consœur allemande KDM Consulting, basée à Francfort, témoignent de la volonté de ses dirigeants d'étendre la couverture géographique du groupe. « Nous nous sommes réellement spécialisés dans le renseignement confidentiel à haute valeur ajoutée à caractère général, économique et financier, confie son directeur général, l'ex-lieutenant-colonel de gendarmerie Didier Gabriel Dubois. Nous avons ainsi été amenés à aider un client russe harcelé par le fisc moscovite. Nous avons pu identifier les causes réelles de ses tracas : l'un de ses concurrents, proche du vice-maire de la ville et de certains milieux mafieux, avait réussi à instrumentaliser le fisc. La simple dénonciation de cette collusion a mis un terme à ses ennuis[41]. » Dans un autre dossier, Circé avait été sollicitée par des Israéliens d'origine russe qui portaient manifestement un intérêt prononcé pour leurs compatriotes de Nice. Après enquête, la société s'est rendue compte que ces Russes étaient en réalité mandatés par des opposants de Boris Elstine. Une situation pour le moins inconfortable. Traiter des dossiers sensibles ne mène-t-il pas pernicieusement à l'illégalité ? « Nous trouvons vite nos limites, qui sont celles de la légalité, répond Dubois. Notre créneau, c'est la défense des entreprises. Nous les aidons à limiter le risque. »

Comme n'importe quelle entreprise, ces sociétés doivent croître pour survivre. Quand elles ne sont pas vouées à la disparition pure et simple du paysage après quelques années de flottement, elles cherchent à se renforcer et à accroître leur potentiel d'action en se diversifiant ou à coup de fusions ou d'acquisitions. Kroll Associates, par exemple, qui a assis sa réputation sur le plan international en identifiant les avoirs du dictateur haïtien Jean-Claude Duvalier ou en offrant ses services au gouvernement russe, a particulièrement retenu l'attention de Guillaume Dasquié. « Kroll est intéressante à plus d'un titre, explique-t-il. Tout d'abord, c'est la plus importante et la première au monde. Elle offre les services de véritables professionnels du renseignement, exercés aux manipulations psychologiques et à l'entrisme, parfaitement intégrés au tissu économique et disposant d'énormes moyens : elle dispose pour certaines activités de budgets comparables à ceux de services de pays de petite taille ! Ensuite, Kroll est suspectée de beaucoup de choses et on la retrouve dans une série d'affaires assez sensibles pour le public européen. Mais il est sans doute trop réducteur de ne la considérer, comme on a tendance à le faire en France, que comme le bras armé de la CIA. En réalité, Kroll obéit à ses actionnaires et non à des considérations politiques. Il n'empêche que, dans ce type d'activités, on a recours à des gens qui sont les meilleurs dans le domaine du renseignement et qui, pour la plupart, proviennent des services secrets, avec lesquels ils entretiennent évidemment des contacts. Je pense que si, de temps en temps, Kroll a pu travailler pour la CIA, cela n'a pas été de gaieté de cœur. En revanche, pour un service officiel, il est particulièrement intéressant d'infiltrer une agence comme Kroll, qui a accès à des informations de premier choix[42]. »

Officiellement bien sûr, aucune d'entre elles n'avouera être capable de placer des micros, fracturer des coffres, soudoyer des fonctionnaires ou sous-traiter à d'autres sociétés moins regardantes. En aparté, cependant, une fois la confiance installée, les langues se délient. La plupart d'entre elles sont présentes sur le marché de la sécurité et de l'information dans son acception la plus large ; leurs compétences allant de la sécurisation de locaux à l'espionnage économique en passant par le contre-espionnage ou l'identification de campagnes de dénigrement sur Internet. Et certaines vont jusqu'à recruter des taupes, pratiquer des écoutes téléphoniques illégales, infiltrer des entreprises. Parlant des sociétés françaises de renseignement, l'ex-commissaire des Renseignements généraux Brigitte Henri estime « qu'au moins une grande partie d'entre elles, parce qu'elles ont recours systématiquement aux filatures, surveillances, écoutes téléphoniques, accès non autorisé à différents fichiers (administratifs, judiciaires), se placent «hors la loi» en toute connaissance de cause. D'ailleurs, beaucoup n'hésitent même plus à recourir à l'espionnage[43] ».

Qu'on nous comprenne bien : toutes les sociétés d'intelligence économique, d'audit ou de renseignement privé ne franchissent pas l'étroite frontière qui sépare la légalité de l'illégalité. Toutes, les plus importantes d'entre elles en tout cas, arguent des séquelles irréparables qu'entraîneraient d'éventuels dérapages pour nier catégoriquement toute déviation et implication dans des opérations illégales. L'argument est-il recevable ? Oui et non. Sur un plan formel, ce discours repose aussi sur le fait que l'implication de ces sociétés réputées n'a pratiquement jamais été prise en défaut. Mais il se charpente également autour d'un précepte non dénué d'hypocrisie.

Confortablement installé à la terrasse d'un club privé de Bruxelles, Yvan de Meesmaecker est le discret patron de la société bruxelloise Omega Risk. Spécialisé dans les intrusions pour le compte des sociétés désireuses de tester l'efficacité de leurs mesures de sécurité, il déconstruit le mécanisme de recherche d'informations et analyse les différents maillons de la chaîne. « Le problème, c'est que, dans un premier temps, les grandes entreprises feront appel à un consultant renommé ou à une société d'intelligence économique cotée sur le marché. Jusque là, rien à dire. Dans un deuxième temps, ces derniers font eux-mêmes appel à une autre société privée de recherche d'informations un peu moins connue, et ainsi de suite. Que se passe-t-il en bout de chaîne ? Il est évident que le client primaire, la grande société ou la multinationale, ne connaîtra jamais la façon dont son premier sous-traitant à obtenu l'information qu'elle a commandée[44]. » Ceci revient à dire : « Fournissez-moi cette information, mais je ne veux rien savoir de la façon dont vous l'aurez obtenue ». En fin de compte, aucun des intervenants ne connaîtra la chaîne complète des intermédiaires, ce qui permettra à chacun d'eux de camper sur des positions absolument acceptables. Sans donner l'impression d'avoir saisi l'ampleur du phénomène, le Comité permanent de contrôle des services de renseignement belges, le Comité R, insiste néanmoins fortement, dans son dernier rapport, sur la nécessité d'un débat juridique et d'un contrôle sur la légalité des activités privées d'intelligence économique, qui se fait plus pressante « à mesure que les offres de renseignement économique privées se multiplient [45] ». Il préconise également que cette mission de contrôle incombe en premier ressort aux services du gouvernement fédéral, « une part de ce contrôle entrant notamment dans la mission de protection du potentiel économique et scientifique confiée à la Sûreté de l'État ». Encore convient-il de savoir dans quelle mesure les services officiels ont actuellement les moyens d'assurer ce type de missions...

Les cabinets d'avocats, de consultance et d'audit

Chargé du dossier « Intelligence économique » auprès du ministre français de l'Économie et des Finances, Christian Daviot s'inquiète : « On voit les six cabinets anglo-saxons (nda : il s'agit des grands cabinets-conseils, dont KPMG, Arthur Andersen, Deloitte & Touche and Thomatsu, Ernst & Young, PricewaterhouseCoopers) débaucher des généraux pour pénétrer le ministère de la Défense. Ils ont des réseaux mondiaux et accèdent naturellement à la direction générale des entreprises. Je ne suis pas sûr qu'une entreprise puisse, sans risque, confier ses comptes, son organisation, ses systèmes de sécurité et d'information à des cabinets qui souvent ont partie liée à des services de renseignement et qui participent d'un hégémonisme mondial[46]. » Certes, c'est sans doute moins dans les scandales dans lesquels ils sont épinglés[47] que dans leur puissance croissante, leur faculté à phagocyter les cabinets européens[48] et leur capacité à récolter des informations stratégiques sur les entreprises que le bât blesse ! Assurant une présence planétaire et disposant de moyens financiers impressionnants, ces monstres de la consultance que sont les « Big Five » vérifient les comptes des entreprises de taille respectables, réalisent les audits de différentes natures, pénètrent au cœur même des entreprises, dissèquent leurs forces et leurs faiblesses, participent à des fusions, etc. Pour affiner encore leurs produits, ils ont commencé à investir le vaste champ de l'intelligence économique en créant, notamment, des filiales ou de nouvelles cellules d'investigation. Ceci ne manquera pas de générer un nouveau problème : dans quelle mesure peuvent-ils auditer les comptes d'un client et faire parallèlement de l'intelligence concurrentielle, sans créer de conflits d'intérêts ? Deloitte & Touche, par exemple, propose depuis peu à ses clients son expérience pour bâtir des « war rooms de maîtrise de l'information à caractère stratégique[49] ». De son côté, KPMG a créé deux nouvelles filiales tournées vers l'enquête. KPMG investigation and Security Inc. (KPMG ISI) offre ainsi une large palette de « services d'enquête impartiaux aux gouvernements et aux entreprises, tant au Canada que sur le marché international ». Constitué de professionnels – enquêteurs, anciens officiers de police ou de renseignement, criminologues, spécialistes de la sécurité informatique, etc. –, KPMG ISI affirme être régulièrement secondé, dans ses enquêtes, par des agents fédéraux et des agences nationales. Fondée en 1998, KPMG Corporate Intelligence, quant à elle, est dirigée par Chris Mathers, un pro du renseignement issu de la Police montée du Canada. But de cet appendice : fournir aux entreprises des informations sur des individus, d'autres entreprises, des organisations et des lieux. Cette intrusion, de plus en plus marquée et pointue dans la sphère de l'intelligence économique prise au sens large, en inquiète plus d'un en Europe. « La portée stratégique de cette évolution, avec en perspective le renforcement de la domination anglo-saxonne – via les Big Six – sur l'intelligence économique mondiale, y compris sur les marchés locaux qui échappaient jusqu'à présent à son influence, n'est pas sans soulever de vives inquiétudes dans quelques pays européens[50]. » Par ailleurs, en France, la DST multiplie les mises en garde contre les risques de pillage de l'information par ces grands cabinets. Pour le contre-espionnage français, l'adéquation entre le discours qu'ils tiennent et la réalité de leur présence sur le marché international est loin d'être établie et, dans tous les cas, pose de véritables problèmes en termes de sécurité de l'information stratégique.

Tout le monde n'acquiesce pas à cette analyse alarmiste. Pour Bernard Besson et Jean-Claude Possin, les auteurs d'un ouvrage remarqué[51], il s'agit là d'une charge typiquement française, qui ignore les mécanismes qui permettent à ces grands cabinets anglo-saxons de récolter des informations sans pour autant ni recourir à l'espionnage, ni trahir leurs clients. Ces cabinets « tirent leur force de la simplicité des relations qui, d'un bout à l'autre de la planète, leur permettent de travailler en équipe et de mobiliser une palette de savoir-faire technique tant en France que dans le monde. Cette suprématie fondée sur l'intelligence des réseaux dispense du recours à l'espionnage ou aux trahisons[52] ».

Ces cabinets affirment *coram populo* que la discrétion absolue à laquelle ils sont tenus ne souffre aucune dérogation et constitue l'essence même de leur travail. Présents sur tous les continents, ils ne pourraient se permettre des indiscrétions et des fuites à destination de certains États ou services de renseignement. Mais comment en être sûr ? Un secret, dit-on, est une information que l'on ne partage qu'avec soi-même. C'est oublier que le monde de l'information, dans ses multiples composantes et dans son sens le plus large, est tel en effet que personne ne peut prétendre ni au secret total, ni à l'impossibilité de fuites vers d'autres canaux que celui ou ceux auxquels elle était initialement destinée. Le risque, sans doute minime, n'est pas inexistant en dépit du discours lénifiant de ces cabinets sur le haut degré de confidentialité attaché à chaque contrat. Naviguant dans des sphères proches du pouvoir, au contact quotidien des multinationales, ils représentent, dans les grands dossiers complexes ou à tiroirs, un risque potentiel qu'il serait sans doute imprudent d'ignorer ou de sous-estimer.

Quant aux cabinets d'avocats, ils n'interviennent qu'indirectement dans le secteur du renseignement privé, et ce pour deux raisons principales. Tout d'abord, ils font de plus en plus appel à des cabinets d'intelligence économique, de renseignement privés ou de détectives pour le compte de leur client. Certains détectives leur reprochent d'ailleurs d'utiliser, par imprudence ou méconnaissance du secteur, des confrères non agréés, illégaux, avec le risque indirect de nuire aux intérêts de leurs clients et d'entacher la réputation du cabinet. En outre, depuis plusieurs années déjà, on constate une perméabilité accrue entre les grands cabinets internationaux et le monde du renseignement. Le transfert d'anciens dirigeants ou cadres supérieurs retraités des services vers ces cabinets est une réalité qui s'explique partiellement par leur passé ou leur formation d'avocat. Quoi de plus normal, après avoir passé quinze ou vingt ou 20 ans à la CIA, à la DGSE, à la NSA ou au MI6 de retrouver ses anciennes amours et les salons feutrés des cabinets d'avocats dont les clients ne peuvent que se féliciter de la qualité de leurs conseils et de leurs relations ? En 1991, après avoir passé quatre années à la tête de la CIA et du FBI, il n'avait pas fallu longtemps à William Webster pour intégrer la firme juridique Milbank, Tweed, Hadley & McCloy. Juriste de formation et ancien magistrat à la Court for the Eastern District of Missouri, Webster s'était tout naturellement tourné vers ses anciens collègues avant de rejoindre, début 2001, la société Vigilinx, un intégrateur de services spécialisés dans l'intelligence, la gestion de la connaissance et la sûreté des systèmes d'informations[53]. Et les exemples de même nature sont légion...

Les détectives privés : du constat d'adultère à l'espionnage économique

« Contre-espionnage », « audit de sécurité », « espionnage industriel et commercial », « concurrence déloyale », « perte suspecte de parts de marchés », « identification des espions » : depuis quelques années, les détectives privés se sont mis à la page ! Rivalisant d'ardeur pour vendre leurs nouvelles « compétences », ils ont senti tourner le vent et surfent allègrement sur une vague porteuse. Porteuse ? À voir. En dépit du discours ou de ce que l'on lit sur leurs sites, on peut, sans se tromper, affirmer que, dans leur grande majorité, ils exploitent encore largement les bons filons qui ont fait leur réputation. Par ailleurs, il n'existe pas, à ce jour, de statistiques fiables sur le pourcentage exact d'enquêtes réalisées par les privés dans le secteur des affaires. Mais comme le relève judicieusement Christophe Deloire, « la plupart des agents de recherches, comme s'ils s'étaient donné le mot, se gargarisent de réaliser 80% de leur chiffre d'affaires dans le monde des affaires. Il ne faut pas s'y tromper : un pourcentage si élevé est un argument publicitaire pour des détectives en manque de slogans ; si la tendance est à la hausse, le chiffre est encore surévalué[54] ». Brandissant son quart de siècle dans la profession comme porte-étendard, Bob Louvigny (B.D.R.I.), un privé installé sur la place de Bruxelles depuis 27 ans, remet les pendules à l'heure. « Soyons sérieux, tempête-t-il. Les trois quarts des agences de détectives réalisent leur chiffre d'affaires avec les traditionnelles enquêtes au service des particuliers, qui sont très loin d'avoir disparu : les adultères, les recherches en matière familiale, successorale ou de moralité sont toujours d'actualité[55] ! » En écho, son confrère anversois Van de Pas d'AID International, qui consacre pourtant une page de son site de présentation à l'espionnage industriel, reconnaît que ce type de missions ne« représente que 5% environ de (ses) activités ». La raison ? « En Belgique, on ne croit pas à l'espionnage industriel, embraye-t-il immédiatement comme pour s'excuser, alors que les magasins spécialisés écoulent pourtant des micros et du matériel d'écoutes ! Même dans les affaires de divorces, on nous demande de plus en plus si on peut placer ce type d'appareil, mais je refuse toujours catégoriquement : je ne vais pas hypothéquer 37 ans d'existence pour un micro ! Si vous êtes pris, c'est fini pour vous ! »

Figure médiatique du monde judiciaire belge, Louvigny a été écorné à plusieurs reprises par certains journalistes dans des dossiers complexes mais, ainsi qu'il le clame, il n'a jamais eu de problème avec la justice avec laquelle il entretient par ailleurs de bonnes relations. Personne atypique, Louvigny dispose d'un carnet de commandes qui ne reflète aucunement les activités du secteur, puisque environ 85% de son chiffre d'affaires sont constitués de missions commanditées par des entreprises ou des cabinets d'avocats. Dans son agréable bureau situé à un jet de pierre de l'Université libre de Bruxelles, « Bob » détaille les missions dont les entreprises peuvent charger les détectives. « Elles font de plus en plus appel aux services des détectives privés. Les raisons en sont nombreuses et le champ d'activités est vaste : les enquêtes de moralité, les démarques inconnues, la concurrence déloyale, la recherche de débiteurs (découverte des actifs), les fraudes, notamment à l'assurance. Les détectives répondent ainsi à une demande constante : ils protègent directement le patrimoine économique des sociétés et, indirectement, l'emploi. » Souvent engagés par les entreprises dès que se fait jour un soupçon de fraude ou d'indélicatesse de la part d'un employé, les détectives sont également sollicités à l'occasion de campagnes de recrutement, notamment, pour vérifier les curriculum vitae, les diplômes ou le parcours des futurs recrues.

La mode serait donc, jusqu'à un certain point du moins, à la lutte contre l'espionnage économique. Soit. Mais n'y a-t-il pas un autre côté à la médaille ? « Les entreprises viennent chez nous et nous demandent d'obtenir des informations confidentielles, explique le détective privé américain George Scharm[56]. Ils nous disent : «Nous ne nous occupons pas de la façon dont vous allez procéder, mais faites-le !» Nous leur répondons que nous n'effectuons que des recherches publiques et que nous ne faisons rien d'illégal. » Des entreprises, des sociétés de renseignement privées utilisent-elles les services de détectives pour mener des actions d'espionnage industriel ou économique ? Comme ultime maillon d'une chaîne destinée à brouiller les pistes et à rendre impossible, ou à tout le moins complexe, toute velléité de remonter la piste ? Tant du côté des entreprises que des détectives, le mot d'ordre est « motus ». Pourtant cette hypothèse est plausible. Probable même. « Soyons clair, prévient Bob Louvigny : certains confrères peu scrupuleux violent la loi et se livrent à des «espionnages» afin d'être agréables à leurs clients. Mais c'est un peu le «pas vu, pas pris !» qui prévaut. Les écoutes téléphoniques, par exemple, sont rigoureusement interdites en Belgique... ce qui constitue assurément un frein dans certaines enquêtes ou dans le cadre de la lutte contre le crime organisé, mais c'est un autre débat et il faut s'en accommoder. Et si vous outrepassez la loi, les sanctions sont lourdes et démolissent à tout jamais votre réputation ! » Peut-être, mais certains détectives qui n'ont pas obtenu l'agréation légale évoluent malgré tout sur le marché et parviennent quand même à se constituer une clientèle, notamment composée d'avocats et d'entreprises. Le risque de se faire prendre est-il surévalué ? Le jeu en vaudrait-il, malgré tout, la chandelle ?

Δ

1. Esambert, Bernard, *De la guerre économique*, *in* Revue française de géoéconomie, n°3, automne 1997.
2. Conférence prononcée lors du colloque consacré à l'Intelligence économique et concurrentielle à Paris, juin 1999.

3. Wolf, Markus, *L'homme sans visage, mémoires du plus grand maître-espion communiste*, Plon, Paris, 1998.

4. *Intelligence économique et stratégie des entreprises*, rapport élaboré par le Commissariat Général du Plan (dirigé par Henri Martre) en 1994.

5. Entretien avec l'un des auteurs lors du colloque sur la manipulation de l'information, organisé par l'EGE, 8 juin 2001.

6. Dasquié, Guillaume, Secrètes Affaires, *les services secrets infiltrent les entreprises*, Flammarion, Paris, 1999.

7. Denécé, Eric, *Le nouveau contexte des échanges et ses règles cachées*, information, Stratégie, Guerre économique, L'Harmattan, Paris, 2001.

8. Punch, Maurice, Dirty Business, Exploring Corporate Misconduct, Analysis and Cases, Sage Publications, 1996.

9. Hobsbown, Eric J., *L'Age des extrêmes*, éditions Complexe, 1999.

10. Kissinger, Henry, *Diplomacy*, Touchstone edition, 1995.

11. Brzezinski, Zbiginiew, *Le grand échiquier*, Hachette littératures, 2000.

12. Jolian, Edouard, *Le Caucase, tension russo-américaine » dans la revue « Puissances et influences*, Annuaire géopolitique et géostratégique 2000-2001, 2000.

13. Levine, Robert A. *in* International Herald Tribune, 22 février 2001.

14. Entretien de Pascal Lamy, Commissaire européen au Commerce, *Le Monde* du mardi 19 juin 2001.

15. Thual, François, *Contrôler et contrer, stratégies géopolitiques*, Ellipses, 2000

16. Rapport d'activités 2000 du Comité permanent de contrôle des services de renseignement, juin 2001.

17. Projet de rapport sur l'existence d'un système d'interception mondial des communications privées et économiques, Commission temporaire sur le système d'interception Echelon du Parlement européen.

18. Kauffer, Rémi, *L'arme de la désinformation, les multinationales en guerre contre l'Europe*, Grasset, Paris, 1999.

19. Rapport d'activités 1998 du Comité R.

20. Les spin-offs universitaires : contours et enseignements des pratiques exemplaires internationales (novembre 1999) et Les spin-offs universitaires belges en l'an 2000 : une analyse économique (juin 2001), études réalisées par le Centre de Recherche PME et d'Entrepreneuriat de l'université de Liège.

21. Rapport d'activités 2000 du Comité permanent de contrôle des services de renseignement, juin 2001.

22. Capron Henri, Meeusen, Wim, *The National Innovation System of Belgium*, Physica-Verlag, Heidelberg New York, 2000, *in* Trends-tendances, 3 mai 2001.

23. Henri, Brigitte, op.cit.

24. *Espionnage économique, Faire des affaires sur le marché international*, bulletin du SCRS, juin 1999.

25. *L'espionnage économique*, commentaire n°32 du SCRS, mai 1993.

26. Géré, François, *Demain la guerre, une visite guidée*, Calmann-levy, Paris, 1997.

27. *L'espionnage économique*, commentaire n°32 du SCRS, mai 1993.

28. *La cyber-guerre à l'orée du 21e siècle*, Confidentiel-Défense, n°3, 16 août 2000.
29. Publication du SCRS, Commentaire n°46, juillet 1994.
30. Henri, Brigitte, *Le Renseignement, un enjeu de pouvoir*, Economica, Paris, 1998.
31. Brisard, Jean-Charles, *Services de renseignement et intérêts commerciaux américains*, *in* la revue Défense nationale, n°7, juillet 2000.
32. Towards a European intelligence Policy, conférence présentée par Andrew Rathmell dans le cadre d'un colloque de l'Institut pour les Études de sécurité de l'UEO les 13-14 mai 1997 à Paris, intitulée « The Privatisation of Intelligence : A Way Forward for European intelligence Cooperation ». Notons toutefois qu'après les sanglants attentats du 11 septembre aux États-Unis, les services de renseignement verront leurs budgets de fonctionnement revus à la hausse pour lutter contre le terrorisme.
33. Entretien avec l'un des auteurs lors des Assises européennes du renseignement économique à Paris, novembre 1996.
34. *L'espionnage économique*, commentaire n°32 du SCRS, mai 1993.
35. Cinquième rapport d'activités de la CNCIS, avril 1997.
36. Knight, Will, *Multinationals Build Private Échelons*, ZDNet UK, 30 juin 2000.
37. Ces exemples sont essentiellement extraits de la newsletter *Le Monde du Renseignement.*
38. Veille n°40, décembre 2000-janvier 2001.
39. Financial Times, 22 mars 2000.
40. Rapport d'activités 2000 du Comité permanent de contrôle des services de renseignement (publié en juin 2001).
41. Entretien avec l'un des auteurs, 29 juin 2001.
42. Moser, Frédéric, *Renseignements, 007 se recycle*, *in* Trends-tendances, 10 juin 1999.
43. Henri, Brigitte, op.cit.
44. Entretien avec l'un des auteurs, 31 mai 2001.
45. Rapport d'activités 2000 du Comité permanent de contrôle des services de renseignement (publié en juin 2001).
46. Actes du colloque sur l'intelligence économique, organisé à l'Assemblée nationale française par l'UDF et l'ACFCI, le 26 février 1997.
47. Corporate Finances, L'auditeur est-il indépendant ?, *in* Trends-tendances, 22 mars 2001 (article traduit de la revue Forbes).
48. Faljaoui, Amid, *Avocats d'affaires : Les Anglais font la loi !*, *in* Trends-tendances, 30 septembre 1999.
49. LMR, n°386, 13 juillet 2000.
50. LMR, n°302, 2 janvier 1997.
51. *Du Renseignement à l'intelligence économique*, Dunod, Paris, 1996.
52. *L'intelligence américaine N°2, Un réseau créateur de réseaux*, *in* Veille Magazine, n°7, octobre 1997.
53. LMR, n°46, 12 novembre 1998.
54. Deloire Christophe, *Histoires secrètes des détectives privés*, JC Lattès, Paris, 2001.
55. Entretien avec l'un des auteurs, le 17 mai 2001.
56. *Corporate Snoops Sharpen Skills*, Washington Times, 31 août 1998.

– 5 –
Une évolution mondiale

Contexte général

Nous l'avons vu, l'activité d'espionnage n'est ni limitée sur un plan temporel – elle a toujours existé – ni inscrite dans un lieu déterminé, ni réservée à un type d'acteurs définis. Tous les États pratiquent l'espionnage à des degrés divers, en fonction de leur implication dans la sphère économique, de la conception qu'ils ont de leur rôle sur les plans national et international, de leurs contextes politique et historique. Perpétrées par les États, les entreprises ou les sociétés de renseignement privées, les opérations d'espionnage économique s'inscrivent, depuis l'avènement de la Société de l'Information, dans un contexte qui ignore les frontières, mais reconnaît les marchés : dans cette guerre qui ne dit pas son nom, le danger est omniprésent. Les entreprises peuvent être agressées de n'importe quel endroit du monde ; la criminalité ignore les frontières et les nouvelles techniques de communication, avaleuses de distance, représentent autant d'éléments de risques potentiels. Dans ce contexte nouveau, mais qui se nourrit du passé, certains États sont passés maîtres dans l'art de la duperie et du renseignement ; d'autres, moins connus, ont su, en toute discrétion, développer des systèmes de veille et d'intelligence économique extrêmement performants.

Quelques pointures

Les samouraïs de l'économie nipponne

Cela fait belle lurette que les Japonais ont surmonté l'obstacle psychologique de la distinction nette entre secteur privé et secteur public ! Paradoxalement, dans un pays qui a complètement intégré cette culture du renseignement qui fait tant défaut à nos sociétés, il n'est pratiquement jamais fait mention de tout ce qui touche de près ou de loin au renseignement. Au

Pays du Soleil levant, tout le monde en fait… mais personne n'en parle ! Plus qu'un slogan, cette réalité, qui fait partie intégrante de la culture nipponne, permet au Japon de figurer régulièrement aux places d'honneur sur les listes concoctées par les différentes agences d'études et de contre-espionnage américaines (FBI, NACIC, etc.) qui recensent, chaque année, les pays les plus agressifs en matière d'espionnage économique. « Cependant, analyse Roger Faligot[1], le Japon moderne ne serait rien sans la formidable entreprise de renseignement, créée au siècle passé grâce à l'aide de la France et de l'Allemagne, perfectionnée sous Hirohito, et réorientée à la fin du 20e siècle ! Sans tomber dans l'image d'Épinal du touriste japonais qui photographie tout ce qu'il voit dans un pays étranger, il est patent que le renseignement, qui ne pâtit nullement de cette paralysante connotation péjorative, fait partie intégrante de la société nipponne, qui se mobilise collectivement autour du processus de collecte de renseignements. » Ce qui est bon pour mon entreprise est bon pour le Japon ! Cette maxime résume bien la conception qu'ont les Japonais du renseignement dans son acception la plus globale, et qu'ils pratiquent allègrement dans toutes les configurations. Imposée à la fin du 19e siècle par les Occidentaux, l'ère Meiji leur a ouvert le marché japonais, scellant *ipso facto* l'entrée du Pays du Soleil levant dans le monde moderne. Ce sont les *zaibatsu*, les conglomérats ou trusts, qui vont inventer l'intelligence économique. « À l'intérieur de ces *zaibatsu*, écrit encore Faligot, les maisons de négoce, ou *sogo shosha*, animent l'intelligence économique, la quête du savoir-faire étranger et des renseignements concernant la concurrence. (…) Le développement d'industries stratégiques – construction navale, aviation, application de l'électricité – a été réalisé à l'initiative de l'État, avant que ne se dessine une osmose entre le secteur privé et la bureaucratie impériale, dans la quête des technologies et donc dans le renseignement. C'est là la grande particularité du système japonais. Cette articulation originale et performante va traverser le siècle suivant et se renforcer lors des conquêtes de territoires de la proche Asie orientale. » Cette osmose entre secteurs privé et public jouera à plein dans les opérations qui précédèrent l'entrée en guerre du Japon, dès le milieu des années 1930. Ainsi, pour préparer l'annexion de la Mandchourie chinoise, le Japon utilisera-t-il largement les services de la Compagnie du chemin de fer transmandchourien, qui assurera la recherche du renseignement pour le gouvernement. Dès son entrée dans la grande compétition mondiale, le Japon se dote d'outils et de mécanismes performants de récolte du renseignement, sur tous les fronts : politique, économique, social et militaire. Mais la particularité du système japonais, paradoxe probablement unique au monde, c'est l'éclatement de l'architecture du renseignement, en ce sens que celui-ci n'est pas l'apanage du seul *Naisho* (les services secrets), mais qu'il relève des différents ministères – dont le célèbre MITI (ministère du Commerce international et de l'Industrie) et le JETRO (Japanese External Trade Organisation) –, des maisons de négoce, des sociétés privées de renseignement ou des entreprises qui disposent souvent de leur propre système de collecte d'informations, etc. Le Mitsubishi Research Institute (MRI), par exemple,« compte quelque 600 enquêteurs et chercheurs. Dans chaque secteur, une petite équipe de 3 enquêteurs recueille des informations à partir de banques de données et de contacts personnels. En général, ces enquêteurs connaissent à eux trois les cent personnes qui comptent dans le secteur dont ils ont la charge »[2]. À l'instar d'autres pays, le Japon encourage aussi fortement ses étudiants à voyager à l'étranger, notamment par le biais de bourses octroyées par l'Agence des Sciences et des Techniques, qui est chargée de la recherche scientifique sous la tutelle du Premier ministre. Comme aux États-Unis, le renseignement transcende les barrières traditionnelles entre les différentes strates et les différents secteurs de la société, cette porosité donnant une cohérence à la démarche.

Aujourd'hui, bien que le Japon traverse une période de crise sans précédent, qui le contraint, pour la première fois depuis des lustres, à revoir ses estimations de croissance à la baisse et à considérer d'un œil moins méprisant la montée en puissance des *Little Dragoons* – Taïwan, Corée du Sud, Singapour, Hong-Kong, etc. – , lesquels poursuivent le développement de leurs potentiels scientifique, technique et technologique, la démarche de l'intelligence économique s'est imposée progressivement et repose plus que jamais « sur une étroite synergie entre les sphères politique, étatique, semi-publique et privée concernant toutes les fonctions vitales du pays[3] ». Mais la menace qui plane sur le Japon est multiple. La presse allemande a ainsi révélé en 1998 qu'en plein milieu des négociations entre le Japon et les États-Unis relatives aux quotas d'importation des voitures américaines sur le sol nippon, la CIA aurait réussi à pirater le système informatique du ministère japonais du Commerce.

Les États-Unis ont fait sauter le verrou

Sans s'attarder sur le sujet[4], remarquons simplement que si les États-Unis ont pris leur temps pour arrêter des positions claires et sans ambiguïté face à la problématique du renseignement économique et à l'implication des administrations fédérales, ils ont finalement trouvé, sous le double mandat du président Bill Clinton, une solution pratique et payante.

C'est le président Clinton lui-même qui fera sauter le verrou politique « en acceptant – et en l'annonçant officiellement lors d'une cérémonie au siège de la CIA à Langley, en juillet 1995 – que les services secrets américains se mettaient au service des entreprises[5] ». Washington a en effet réussi à dépasser le paradigme des critères de sélection en favorisant non plus uniquement une entreprise particulière, mais l'ensemble d'un secteur d'activités. Ce résultat ne fut atteint qu'après avoir obtenu l'aval des différents pouvoirs. « Si la décision de collecter de l'information sur les entreprises étrangères, dans l'intention de transmettreles données recueillies aux firmes américaines, se doit d'être politique, cette politique doit également jouir du plein soutien des pouvoirs exécutif et législatif[6]. » Cette nouvelle conception des relations public-privé, véritable clé psychologique qui clôtura un débat stérile, déboucha rapidement sur des actes concrets débarrassés des scories paralysantes. « À partir du moment où vous formez un consortium, explique Edward Luttwak, un ancien de la CIA travaillant aujourd'hui pour le Center for Strategic and International Studies, vous dépassez le problème lié à la distribution de l'information classifiée, parce que le consortium n'est ouvert qu'à des firmes possédées et dirigées par des Américains. Si vous tombez sur un procédé mis au point par Toyota, vous ne devez pas longtemps vous poser la question de savoir à qui fournir ce type d'information[7]. » Et Luttwak de mentionner le consortium, réunissant les Big Three – celui-ci est né de la volonté de Bill Clinton, qui a annoncé sa naissance le 29 septembre 1993 – flanqué des Chief Executive Officers de General Motors, Ford et Chrysler. Selon les services de renseignement canadiens, « l'Administration Clinton a réuni au sein d'un consortium appelé "U.S. Car", les trois grands de l'automobile qui se disputaient férocement le marché nord-américain. Ils auront tous trois accès à la technologie gouvernementale, auparavant très secrète, et mettront leurs ressources en commun pour créer la technologie précommerciale de l'automobile de demain[8] ».

L'Allemagne, victime de l'espionnage : la rançon de la gloire

Véritable locomotive économique de l'Europe, l'Allemagne a su développer des mécanismes de récolte du renseignement parfaitement huilés. Au cours des siècles, elle a ainsi engrangé un savoir- faire hors du commun, qui lui permet, encore aujourd'hui, de se profiler comme l'un des États les plus puissants au monde sur le plan économique... et les plus attractifs pour des espions de tous bords. À plusieurs reprises, les services secrets allemands se sont plaints de l'ardeur déployée par certains de leurs homologues pour espionner massivement leurs entreprises et leurs laboratoires de recherche. Prises de participations, intrusions informatiques et physiques, écoutes des communications : rien ne semble leur être épargné ! La rançon de la gloire en quelque sorte. En 1997, les services allemands estimaient ainsi qu'une centaine d'agents américains travaillaient *undercover* – sous couverture – dans leur pays.

Deux ans plus tard, au mois d'août, suite à l'arrestation de deux hommes qui s'apprêtaient à prendre le premier vol pour Moscou après avoir vendu des documents confidentiels de la société DASA, le gouvernement Schröder a réellement pris la mesure de l'amplitude des activités d'espionnage menées contre le pays. Plus récemment, l'antenne berlinoise du LfV (Landesamt für Verfassungsschutz - les services de renseignement des Länder) pointait du doigt la FAPSI, l'agence russe chargée des interceptions, qui aurait multiplié les tentatives d'intrusion dans les services informatiques de plusieurs entreprises allemandes[9]. Les responsables allemands estiment ainsi que les activités d'espionnage dans le secteur des hautes technologies coûtent au pays quelque 20 milliards d'euros par an ! L'affaire DASA a été un véritable révélateur du danger que représentait l'espionnage pour les entreprises allemandes. Dans la foulée, un député a ainsi déclaré que l'Allemagne et ses technologies de pointe étaient « une cible privilégiée de l'espionnage à l'Est et à l'Ouest ». À l'Ouest ? Les Allemands ont en effet tout lieu de croire que leurs partenaires économiques se livrent, eux aussi, à de sombres manœuvres d'espionnage contre leur économie. Et de citer le cas de la société Enercon, l'un des géants de la production d'éolienne dans le monde. Confrontés à des difficultés diverses pour s'implanter aux États-Unis, où plusieurs entreprises se positionnent en concurrents directs, ses dirigeants se sont interrogés : comment se fait-il que ces entreprises disposent de la même technologie, pour laquelle Enercon a pourtant déposé des brevets ? Selon une rumeur persistante dans le milieu, les services de renseignement américains se seraient approprié cette technologie aux dépens d'Enercon et l'auraient transmise outre-Atlantique. Info ou intox ? Par mesure de prudence, Enercon a cessé d'utiliser le téléphone et fait installer un réseau de téléphonie privée. En mars 1997, les journaux américains se font l'écho de l'annonce, par le gouvernement allemand, d'expulser un officier de la CIA qui tentait de recruter un fonctionnaire haut placé au ministère de l'Économie. En 1999, c'est au tour du Washington Post et du New York Times d'annoncer le rappel de trois agents de la CIA en poste au consulat de Munich – un couple et leur supérieur –, que les Allemands avaient clairement identifiés comme des « NOC », des officiers sous couverture complète ! Selon les statistiques du Bundesamt für Verfassungsschutz (BfV), l'espionnage industriel représente plus de 60% de l'ensemble des cas d'espionnage perpétrés sur le sol allemand, soit près des deux tiers. Depuis 1998, à la suite de plusieurs affaires de ce genre, les services secrets allemands ont multiplié les avertissements publics aux milieux des affaires et aux entreprises nationales, les enjoignant, dans la foulée, de crypter systématiquement leurs communications importantes. Dans les derniers mois de l'année 1999, August Hanning, le président du BND (le renseignement extérieur) ainsi que le coordinateur des services secrets auprès de la Chancellerie se rendent discrètement à la station d'écoutes électroniques de Bad Aibling. Cette base secrète est l'un des éléments les plus importants du dispositif d'écoutes mis en place par la NSA américaine, un peu partout sur la surface du globe. L'objectif des deux hommes est double : visiter cette fameuse base dont la Commission Échelon du parlement européen affirme qu'elle est l'une des plus importantes après celle de Menwith Hill en Angleterre et, surtout, tenter de savoir si, effectivement, les Américains interceptent les communications, les fax et les e-mails de leurs entreprises. Mission accomplie ? On ignore évidemment la teneur des discussions, mais un quotidien munichois[10] a révélé qu'à la suite de cette visite, les États-Unis s'étaient résolus à réorienter leur station d'écoutes vers d'autres cibles. Citant des sources proches des services de renseignement allemands, le quotidien indiquait encore que la NSA se tournerait dorénavant vers la Suisse, « l'espionnage des entreprises allemandes pouvant se poursuivre à partir de la base de Menwith Hill ».

Très discrètes et rarement citées, les entreprises allemandes, épaulées par les gouvernements fédéral et régionaux, sont elles aussi particulièrement efficaces dans le domaine de la récolte d'informations et la prise de marchés, comme en fait foi un discret ouvrage allemand, traduit et publié en 1916, intitulé « Les méthodes allemandes d'expansion économique[11] ». Durant les deux dernières guerres mondiales, l'étroitesse des liens entre les principaux acteurs du complexe militaro-industriel a été très largement commentée ; cette collaboration s'est maintenue jusqu'à aujourd'hui. Depuis quelques années, les services secrets allemands, à l'instar de leurs principaux homologues, se cherchent et s'interrogent : doivent-ils se lancer massivement dans le renseignement économique ? En 1994, un document interne du BND annonçait que, dorénavant, le service fournirait des renseignements économiques opérationnels aux entreprises[12]. En face, les entreprises se sont mobilisées..., en toute discrétion, en créant une structure étonnante. Regroupant des représentants des plus grandes entreprises allemandes, l'Arbeitsgemeinschaft für die Sicherheit der Wirtschaft (ASW) assure en effet la liaison avec les services de renseignement afin de garantir aux entreprises du renseignement économique de qualité[13]. Chargée « d'assurer la coordination pour la transmission d'informations pertinentes concernant la sécurité au sens large », l'ASW est conscientisée à la prévention de l'espionnage économique ou à la protection des données informatiques mais elle reçoit aussi, par le biais de ce canal privilégié, des informations sensibles sur des marchés extérieurs. Exemple d'efficacité : l'ASW, qui est présidée par Wolfgang Hoffmann, responsable de la sûreté du groupe Bayer, assure le transfert du flux d'informations en provenance des services secrets vers ses bureaux régionaux dans les différents Länder. Cette collaboration s'est encore renforcée dans les premiers mois de l'année 2001, avec la création d'une nouvelle agence fédérale chargée de coordonner et d'encadrer les accords signés entre le ministre de la Défense, Rudolf Scharping, et les entreprises[14]. Un an auparavant, en France, la Direction du renseignement militaire, la DRM, n'a rien fait d'autre, quand elle a créé en son sein une nouvelle cellule chargée d'établir et de développer des relations plus intimes avec des entreprises françaises.

En matière d'espionnage, la clé du succès réside souvent dans l'originalité des techniques utilisées. Avec la montée en puissance des ONG et des mouvements citoyens, les services secrets ont engagé un certain nombre d'opérations liées de près ou de loin aux organisations de coopération. Plusieurs coopérants ont ainsi eu l'occasion de voir débarquer, sur les conflits, des organisations qui n'avaient de « non gouvernementales »… que le nom et n'étaient en réalité que des « couvertures » pour l'un ou l'autre service secret. Cette capillarité entre services de renseignement et ONG, qui emprunte des formes diverses et variées, s'est vue renforcée par les actes répétés de violence perpétrés à l'encontre des représentants des ONG. Les vols, kidnappings et autres assassinats (Tchéchénie, Afghanistan, Somalie, etc.) ont généré un mouvement – *a priori* contre nature – des ONG vers les forces armées afin d'assurer leur protection, et permis la mise en place de ce qu'il est aujourd'hui convenu d'appeler les « affaires civilo-militaires » (ACM). Sur le terrain, ce rapprochement opéré entre les militaires et les ONG a créé un substrat fertile qui favorise l'interconnexion entre ces deux acteurs majeurs des conflits et facilite la pénétration des ONG présentes sur le terrain, voire l'émergence d'ONG créées de toutes pièces par les services secrets. Cette présence sur le terrain simplifie aussi grandement l'analyse des besoins pour la reconstruction de pays dévastés par la guerre. On a ainsi pu assister, les briques du Mur de Berlin à peine descellées, à la poussée des entreprises allemandes vers les marchés prometteurs de l'Europe de l'Est. Un peu plus tard, le son des canons s'étant à peine assoupi dans les villes dévastées de l'ex-Yougoslavie, des témoins attentifs pouvaient observer l'étrange manège de « militaires » allemands en train de prendre des notes, de réaliser des croquis, d'évaluer… En réalité, ces experts n'avaient de militaire que l'uniforme qu'ils portaient et probablement la qualité d'officier de réserve. Il s'agissait bel et bien de représentants d'entreprises chargés d'évaluer les enjeux de la reconstruction, les tonnes de briques, de ciment ou de bitume à fournir à un pays qui devrait, de toutes façons, se relever ! Une opportunité qu'ils ne sont évidemment pas les seuls à avoir saisie[15], mais qui reflète parfaitement cette interpénétration entre les milieux économiques et les pouvoirs publics.

La Chine populaire... ou le partage des connaissances

En 1998, devant le Congrès américain, Louis Freeh, le directeur du FBI, n'en finit pas de prononcer son long réquisitoire contre la République populaire de Chine. En substance, il en ressort que la Chine constitue l'une des plus importantes menaces économiques pour les États-Unis, non seulement en termes de contrefaçons mais également de pur espionnage économique. D'année en année, les États-Unis pointent ainsi du doigt les actes d'espionnage militaire et économique perpétrés par des ressortissants chinois. Exploitant au maximum l'extraordinaire diaspora chinoise présente dans pratiquement tous les pays du monde, le gouvernement chinois dispose d'un vivier quasiment inépuisable de sources de renseignement sur les régions les plus diverses.

Rien qu'aux États-Unis, la Chine emploie environ 3 500 diplomates et représentants commerciaux et envoie chaque année près de 100 000 étudiants dans les universités, les laboratoires et les centres de recherche. Selon un rapport rédigé conjointement par le FBI et la CIA, en mars 2000, Pekin a régulièrement recours à des étudiants, des scientifiques, des diplomates et des cadres de nationalité chinoise pour s'assurer leur coopération. Cette capacité à pouvoir disposer d'une importante communauté de ressortissants à l'étranger offre un autre avantage non négligeable : la quasi-certitude de ne pas être pénétré par les services de contre-espionnage des pays hôtes ! Marché attrayant et sans doute prometteur, la Chine populaire pâtit malgré tout du caractère peu attractif de ses secteurs de recherche. C'est la raison pour laquelle l'Académie des Sciences offre chaque année des bourses à de nombreux professeurs d'université, responsables de laboratoires et chefs de projet de pays étrangers... pour qu'ils s'associent aux plans de recherche chinois.

La France

« Je suis toujours sidéré de voir que la France est l'un des pays qui parle le plus d'intelligence économique, organise beaucoup de conférences à ce sujet, mais ne met quasiment pas en place de dispositifs opérationnels. Où sont les démarches pratiques ? Il y a en France une véritable capture de l'intelligence économique par l'intelligentsia. Cette réalité est renforcée par l'absence chronique de grands cabinets de conseil français ou européens capables de rivaliser avec les Anglo-saxons[16]. » Le constat de Philippe Legorjus, le PDG d'un cabinet français spécialisé dans la sécurité des entreprises, est sévère. Trop, sans doute. La France serait-elle en retard d'une guerre ? On a trop tendance à oublier qu'à l'instar des principaux pays européens, la France et la Belgique figurent dans le peloton de tête des pays les plus riches au monde ! Il n'empêche, ainsi que le font remarquer plusieurs spécialistes de l'intelligence économique, le rapport Martre de 1994 a mis du temps à déboucher sur des réalisations concrètes, l'Hexagone pâtissant d'une politique centralisée de collecte du renseignement économique. Quand se présente un contrat, remarque Claude Francine Revel, conseiller au Commerce extérieur, « les différentes administrations concernées se coordonnent difficilement, se concurrencent parfois parce qu'elles relèvent de ministères différents, qui ont chacune une bonne idée[17] ». Ceci dit, le bilan est loin d'être négatif. Depuis plusieurs années, la Direction de Surveillance du Territoire (DST) a créé en son sein une sous-direction de protection du patrimoine économique, dont l'objectif principal est la sensibilisation des entreprises et de leurs représentants aux risques (humain, technique, technologique) de l'espionnage économique. Ces campagnes, menées conjointement avec des actions de contre-espionnage, ont permis de renforcer globalement la sécurité des entreprises ; elles ont aussi débouché sur des arrestations dans une série de dossiers. Sur le plan offensif, la Direction générale de la Sécurité extérieure (DGSE) compte quelques succès à son actif en matière de collecte de renseignement économique. Des succès dont on doit essentiellement la publicité au BND allemand, à la CIA, ou au FBI qui, dans leurs rapports annuels, stigmatisent les agressions auxquelles se livrent les Français. Au cours des années, tant l'ébauche de conscientisation du pouvoir politique que les missions de sensibilisation du tissu industriel remplies par la DST, ont permis de dégager des moyens financiers et humains. D'autres services, tels que la DRM pour les affaires militaires, le Service de Sécurité des Systèmes d'Information (SSSI), qui relève des services du Premier ministre, ou encore la Division financière de la Direction centrale des Renseignements généraux (DCRG) ont aussi, prudemment, pris pied dans le domaine de l'intelligence économique.

Les R.E. : l'Intelligence économique par la petite porte

En France, en matière de lutte contre l'espionnage économique, les premiers services compétents auxquels on pense immédiatement sont la DST ou la DCPJ. Mais sait-on que la Direction Centrale des Renseignements Généraux (R. G.) est loin d'être inactive en la matière ? Au confluent des tissus économique, social et politique, les R. G. entretiennent en effet des contacts quotidiens, à tous les niveaux, avec les multiples acteurs de la société civile. Leur mission : faire remonter les informations de la base — entreprises, milieux syndicaux, académiques et politiques — vers les services compétents. Mais depuis peu, sa Division financière a été sensibilisée à l'intelligence économique. Dans le cadre de cette nouvelle approche de ses missions, les R. G. interviendront donc toujours en amont, ignorant, dans la plupart des cas, les tenants et les aboutissants des affaires qu'ils initient. Entretien avec un responsable de la Division financière de la DCRG.

Détecter les signaux faibles[18]

– *Depuis quand êtes-vous impliqués dans la lutte contre l'espionnage économique ?*

La lutte contre l'espionnage économique a longtemps été considérée comme relevant du domaine exclusif de la DST. Le rôle de la DCRG, et de la Division Analyse et Recherche Financières, en particulier, s'inscrit dans une démarche globale de connaissance de l'environnement des entreprises, l'espionnage économique, n'en constituant qu'une des multiples facettes. Cette approche spécifique de l'intelligence économique qui a été initiée, empiriquement en 1998 par la Division financière, puis de façon plus méthodique, n'est pas considérée chez nous comme une matière nouvelle, mais davantage comme un éclairage complémentaire sur nos missions traditionnelles. Cette évolution n'est pas destinée à empiéter sur les compétences des autres services, mais au contraire à tenter d'apporter une vision globale du tissu industriel et de ses préoccupations. Je vous rappelle que notre service a pour vocation principale d'informer les pouvoirs publics et que nous n'avons pas, à l'exception de certaines matières (Courses et Jeux notamment), de compétence de police judiciaire, ce qui nous interdit d'opérer des arrestations, et encore moins de compétences internationales, ce qui nous oblige à transmettre les renseignements dits opérationnels aux services compétents. En outre, notre approche est essentiellement généraliste et locale, c'est-à-dire sans spécialisation exclusive. Elle est modeste et pragmatique, en raison de la complexité du phénomène et de la multitude des acteurs.

Nous présentons souvent ce que nous découvrons comme un « état des lieux », un travail qui peut paraître à d'aucuns comme fastidieux, voire peu valorisant, mais tout à fait fondamental. Nous sommes entrés dans le vaste domaine de l'Intelligence économique par la petite porte !

– *Cet éclairage nouveau répond donc à des besoins et des exigences nouvelles en termes de sécurité ?*

Absolument. Au risque de me répéter, j'insiste sur le fait que nous n'avons pas fait une priorité de la lutte contre l'espionnage, mais nous pouvons y contribuer au travers de révélations de pratiques diligentées par les entreprises, qui sans être illégales, peuvent se révéler indélicates ou avoir des incidences sur le tissu industriel national.

En 1994, le rapport gouvernemental, élaboré par Henri Martre, commissaire général au Plan, a incontestablement mis à jour la réalité de la guerre économique. Comme beaucoup d'autres, nous avons réalisé que cette évolution était multiforme et qu'elle impliquait de nombreux acteurs, officiels ou occultes. Tant l'explosion d'Internet, qui a ouvert de nouveaux champs d'actions (manipulations, campagne de désinformation, etc.), que la croissance exponentielle des cabinets spécialisés dans l'Intelligence économique, la veille ou le conseil, ont modifié le paysage et accru le nombre d'acteurs au sein d'un nouveau marché.

– Comment s'articule dès lors la collaboration avec les autres services ?

Nous intervenons toujours en amont d'une affaire. C'est grâce à notre maillage traditionnel que nous sommes destinataires d'informations les plus diverses, et qui ne parviennent pas directement aux services spécialisés concernés. Nous n'avons donc pas nécessairement compétence pour connaître des tenants et aboutissants d'une affaire que nous aurions initiée, notamment quand elle débouche sur un cas d'espionnage économique. Du fait de notre mission, nous sommes en contact avec les différents échelons de la société avec lesquels nous cherchons à cultiver un réel climat de confiance. Quand il nous revient une information digne d'intérêt, elle est transmise, après vérifications, soit à la DST, quand il existe un soupçon d'espionnage ou de pratiques illégales, soit à la DCPJ pour les aspects répressifs de certaines exactions. En clair, dès que nous découvrons un problème qui nécessite une réaction judiciaire, nous transmettons.

– Concrètement, comment fonctionnez-vous ?

Notre mission est d'apporter des éléments de compréhension de la vie de la cité, et d'appréhender les conflits émergents et leurs conséquences. De par nos compétences et notre organisation, nous nous trouvons au carrefour des tissus économique, social et politique. Nous entretenons donc des contacts variés avec toutes les composantes de la société. Pour revenir à l'aspect économique, nos responsables locaux entretiennent des contacts avec différents décideurs, CCI (Chambres de Commerce et d'Industrie), chefs d'entreprise, élus locaux, responsables syndicaux, mais également employés de base...

L'articulation de nos compétences, notre présence continue sur le terrain et notre rôle d'interface entre les multiples acteurs de la société nous permettent souvent de nous retrouver à la source d'une affaire d'espionnage économique ou de concurrence déloyale... et de la faire « remonter ».

– En quoi les missions des RG sont-elles complémentaires de celles de la DST ou de la PJ ?

Tout simplement parce que nous abordons l'Intelligence économique à la base. Ce qui apparaît comme une information sans importance peut révéler les prémices d'une affaire bien plus complexe. Au sein des entreprises, par exemple, nous jouons souvent un rôle d'interface entre les différents niveaux. Une information pertinente proviendra parfois du chef d'entreprise qui émet des doutes sur la société de conseil ou le cabinet d'audit qui travaille pour lui, mais parfois également de responsables syndicaux, qui s'émeuvent du plan de licenciement concocté à l'occasion d'une fusion-acquisition. Ils savent qu'avec nous, leurs doléances seront relayées.

– En quoi les « doléances » d'un syndicaliste sont-elles par exemple susceptibles de retenir votre attention ?

Le nouvel éclairage de nos missions traditionnelles nous permet d'avoir une lecture différente d'un même événement. C'est par exemple en découvrant un plan de licenciement dans une société française, filiale de General Motors et leader dans un créneau d'accessoires automobiles, que nous nous sommes rendus compte que le géant américain était en train de détourner un brevet français pour conquérir le marché mondial. Comme il s'agissait d'une entreprise familiale, ses responsables n'ont rien vu venir !

Généralement, les industriels estiment que le temps de réaction de la justice en la matière est trop long pour pouvoir réagir de manière efficace, surtout quand il s'agit d'affaires internationales. Par notre action, nous pouvons parfois contribuer à la défense du patrimoine industriel. Dans une autre affaire, nous avions appris que des informaticiens « en stage » chez Peugeot pratiquaient le vol systématique de logiciels et d'informations. Le dossier a été transmis à la DST.

– Rencontrez-vous des obstacles dans votre mission de collecte d'informations ?

Si l'on excepte une certaine naïveté qui prévaut parfois dans les milieux économiques, en particulier au sein des PME-PMI, la principale difficulté réside dans la frilosité des entreprises à expliquer les attaques dont elles sont l'objet ! Plutôt que d'en faire état, elles tentent de verrouiller l'information et de résoudre l'affaire en interne. La protection de l'image de marque est ainsi privilégiée à une réponse judiciaire. Nous pâtissons clairement de l'absence de culture du renseignement et de sécurité, alors que dans certains pays, le premier réflexe est de prendre langue avec le service compétent en la matière. On peut le déplorer, mais c'est une réalité avec laquelle il nous faut composer.

De la neige à la montagne…

En Suède, on n'a pas attendu l'avènement de l'ère de l'information et les analyses pointues des experts pour exceller dans le domaine de l'intelligence économique. Depuis plusieurs dizaines d'années, les entreprises suédoises ont parfaitement intégré les techniques de l'IE, qui leur ont permis d'engranger les succès commerciaux. Le rapport Martre souligne ainsi que « la symbiose entre les entreprises et l'administration est illustrée par des réunions au niveau national, dont l'objectif vise à élaborer une stratégie de renseignement économique ouvert au service de la performance de l'économie suédoise ». Mais fort logiquement, le succès de l'économie suédoise suscite les convoitises. Fin février 2001, les autorités suédoises annoncent ainsi l'inculpation d'un ingénieur de 53 ans, employé du groupe helvético-suédois Asea Brown Boveri (ABB), actif dans le domaine de l'ingénierie des technologies de pointe (robotique, électricité, etc.), situé au nord de Stockolm. L'homme était fortement soupçonné d'avoir mené des actions d'espionnage industriel au profit de Moscou, durant plus de 20 ans.

La Suisse est réputée pour laver plus blanc que blanc. Une réputation qu'elle s'attache progressivement à faire évoluer dans le bon sens. Ce que l'on sait moins, c'est que le pays des Helvètes souffre aussi de ce mal universel qu'est l'espionnage économique. C'est ce que révèle un rapport inquiétant sur la protection de l'État, publié par la Police fédérale en mai 2000. Aux côtés des menaces « traditionnelles » – terrorisme, extrémismes, etc. –, l'espionnage économique est, pour la première fois, érigé au rang de menace nationale. La Suisse serait même une cible privilégiée de l'espionnage économique. Et les auteurs du rapport de préciser que les autorités de la concurrence américaine, anglaise et allemande se montrent extrêmement agressives et n'hésitent pas à chercher, en exploitant notamment les potentialités de l'outil informatique, des données sur des succursales installées hors de leurs territoires nationaux. La solution miracle préconisée par les autorités suisses ? La généralisation du cryptage...

Δ

1. Faligot, Roger, *Naisho, enquête au cœur des services secrets japonais*, La Découverte, Paris, 1997.
2. Moinet, Nicolas, *Japon : un système d'acquisition-intégration intelligent*, *in* Veille Magazine, n°10, janvier 1998.
3. Rouach, *Daniel, la veille technologique et l'intelligence économique*, PUF, collection « Que sais-je ? », Paris, 1996.
4. Le chapitre III est intégralement consacré au système mis en place sous l'Administration Clinton.
5. Guisnel, Jean, op.cit.
6. Timothy D. Foley, *The role of the CIA in economic and technological intelligence*, Fletcher Forum of World Affairs, 1994, cité par J. Guisnel, *in* Les pires amis du monde, Stock, Paris, 1999, p. 300.
7. Cité par Robert Dreyfuss, Company Spies, The CIA Has Opened a Global Pandora's Box by Spying on Foreign Competitors of American Companies, Mother Jones, juin 1994.

8. Publication du Service canadien du renseignement de sécurité, Commentaire n°46, juillet 1994.
9. Partiellement publié sur le site infoguerre.com.
10. Muencher Merkur, 29 mars 2000.
11. Le Monde du Renseignement, 17 février 2000.
12. LMR n°233, 26 janvier 1994.
13. LMR n°372, 16 décembre 1999.
14. LMR n°376, 17 février 2000 et n°379, 30 mars 2000.
15. Selon le Nouvel Observateur n° 1835, *Guerre économique : les "espions" du troisième type*, les militaires français auraient également fait appel à des officiers de réserve, cadres dans des grandes entreprises françaises comme Schneider, Vivendi ou Suez-Lyonnaise des Eaux, pour repérer de futurs contrats juteux pour leur groupe.
16. *La sécurité est une question de management, in* Veille Magazine, n°24, mai 1999.
17. *In* Veille Magazine, n°10, janvier 1998.
18. Interview réalisée par l'un des auteurs, le 19 mars 2001.

– 6 –
Les États-Unis, notre bon Oncle Sam ?

Une économie florissante, des moyens démesurés

Ce n'est pas faire preuve de beaucoup d'originalité que de constater que depuis la chute du Mur de Berlin et l'éclatement du Bloc soviétique, les États-Unis se sont *de facto* profilés comme les grands vainqueurs de cet affrontement, de cette parenthèse de cinquante ans que fut la période de la guerre froide. Tant sur les plans militaire qu'économique ou financier, ils s'affichent comme les leaders et les gendarmes de la planète à l'aube du troisième millénaire. Réfuter la réalité de cette Pax Americana s'assimilerait à un périlleux exercice. « Les rapports de force économiques, remarque Bernard Esambert, ont été fortement modifiés dans les années 1990. Les États-Unis ont su mobiliser toutes les armes de la guerre économique, sous l'autorité d'un véritable "général", Bill Clinton[1]. » Admiratifs, Bernard Besson et Jean-Claude Possin soulignent l'originalité et la cohérence de cette démarche : « L'Amérique avance d'un même pas dans la guerre économique. L'efficacité du dispositif apparaît sur plusieurs fronts. À chaque fois, l'administration et le secteur privé définissent ensemble des objectifs précis et se donnent ensemble les moyens de les remplir[2] ». Pour ce faire, les États-Unis ont travaillé à l'agrégation d'une panoplie d'outils de conquête – dont ils disposaient, qu'ils ont améliorés ou inventés –, que leur réalisme leur permet d'utiliser à plein régime : positionnement comme acteur principal de la normalisation internationale, instauration des règles régissant le commerce mondial et l'organisation de l'OMC, mise en place de réseaux multiformes (formels ou informels), mise en place d'outils spécifiques (communauté du renseignement, National Economic Council, chambres de commerce, etc.) et de mécanismes de protection économique (lutte contre la contrefaçon au niveau mondial, loi sur l'espionnage économique, etc.), utilisation des ambassades, des consulats et des sociétés de renseignement privées et des cabinets d'audit. Ils ont encore récemment gonflé leur arsenal offensif en matière de conquête des marchés en inventant… « l'intelligence humanitaire ». Mise au point par l'United States Special Operation Command, cette approche efficace a été expérimentée lors de plusieurs interventions militaires dans le cadre des Nations unies (au Cambodge, en Somalie, en Bosnie, à Haïti, etc.). Il s'agit tout simplement, à travers l'assistance au redémarrage économique d'un État, de rafler tous les marchés à leur source en s'appuyant sur des actions psychologiques élaborées[3]. L'intelligence économique, ou même l'espionnage, ne sont en fait que des instruments complémentaires au service de leur efficacité.

Espionnage... défensif !

Depuis le début des années 1990, quand les États-Unis commencent à donner à l'intelligence économique ses lettres de noblesse, un mot d'ordre revient comme un refrain : « Nous ne faisons pas d'espionnage économique ! » Ainsi, s'exprimant le 29 avril 1992 devant la Chambre des représentants, Robert Gates, le directeur de la CIA, martèle-t-il, en chœur avec d'autres hauts responsables, que « la communauté américaine du renseignement n'est pas engagée, et ne s'engagera pas, dans l'espionnage économique ». C'est clair, net, sans équivoque, sans appel. « Mais, ajoutent immédiatement les dirigeants américains, nous devons faire face à de nombreuses opérations offensives de la part d'États qui espionnent nos entreprises de façon systématique et éhontée. Aussi devons-nous nous défendre. » C'est ce qu'expliquera à longueur d'interviews et de conférences, dans les premiers mois de l'année 2000, son successeur James Woosley, au moment où le débat médiatique autour d'Échelon battait son plein. Woosley s'est attaché à justifier les activités du réseau Échelon, en concédant que « nous (nda : la CIA) n'espionnons pas au profit de firmes privées. Mais nous portons les cas de corruption pratiquée par des étrangers à la connaissance de la Maison blanche, du Département d'État et du ministère du Commerce ». Question : comment procède la CIA pour trouver les preuves de corruption, sinon en utilisant toutes les ficelles de l'espionnage « classique » ? Ainsi que l'a souligné l'un des membres de la commission sénatoriale américaine sur le renseignement, « la différence établie entre l'activité de prévention des risques d'espionnage industriel ou de la corruption, et l'espionnage économique en tant que tel, est relativement inconsistant, dans la mesure où ces deux objectifs nécessitent en pratique des actions similaires. »[4]

C'est autour de ces deux paradigmes que s'articulera désormais, en guise de justification, l'argumentaire défensif des autorités américaines, qui se résume à la formule suivante : nous ne faisons que nous défendre contre les offensives des méchants ! La morale est sauve ; on est dès lors en droit d'organiser le système défensif. Bénéficiant de l'extraordinaire faculté de nos cousins d'outre-Atlantique à dégager les moyens financiers, humains et matériels à la hauteur de leur politique, cette « défense » prendra vite des allures d'une machine formidablement performante. L'Aigle déploie ses ailes...

Amis ou ennemis ? (Friend or Foe ?)

Machine de guerre ? Mais dirigée contre qui ? Le 6 juillet 2000, dans l'une des salles feutrées du bâtiment Charlemagne de la Commission européenne, le Comité de conférence des stagiaires organisait un colloque. Le thème du jour : « Les alliés sont-ils devenus des adversaires ? Aspects éthiques et économiques des tensions transatlantiques ». Cet intitulé est particulièrement symptomatique de l'évolution des relations centenaires qu'entretient la Vieille Europe avec le Nouveau Continent. La fin chamboulée du siècle passé et le début du 21e siècle ont vu l'explosion de la Société de l'Information, générée par celle des moyens et des techniques de communication. La réduction fantastique des distances, la délocalisation des entreprises, le processus de mondialisation ont, en l'espace de quelques années, remis en cause des équilibres stratégiques vieux de plus d'un demi-siècle. La rapidité des échanges a ajouté à la confusion en installant une insécurité croissante dans les rapports inter-étatiques.

Bien que les États-Unis se réjouissent officiellement – et sans doute, en partie, sincèrement – de la montée en puissance de l'Europe, matérialisée par son élargissement, la mise en place d'une monnaie unique et la pose des premiers jalons d'une défense commune, il est visible que cette relative émancipation, et ce qui est parfois perçu comme l'étiolement de relations privilégiées, provoquent des inquiétudes et des tensions palpables entre les deux géants économiques. Dans un élan naturel, quand les termes d'une relation sont modifiés, les positions des uns et des autres sont amenées à se radicaliser, chacun trouvant des arguments pour diaboliser l'autre et le charger de tous les maux. Du côté européen – en dépit de la déclinaison des positions respectives des différents États membres –, l'on accuse les États-Unis de vouloir gendarmer le monde et imposer un modèle de société unique, par tous les moyens. La Guerre du Golfe et l'intervention au Kosovo ont renforcé le désagréable sentiment des Européens de ne pas disposer, encore, des moyens politiques et militaires de leur politique, ajoutant à leur impression d'infériorité chronique. En réponse, l'hyperpuissance ne comprend pas que ses desseins ne soient pas entendus, que ses politiques économique, culturelle et stratégique ne soient pas *automatiquement* admises et acceptées. Elle ne comprend pas non plus l'absence de reconnaissance d'une Europe qui semble avoir oublié l'intervention des *Boys*, durant les deux conflits mondiaux et l'impact déterminant du Plan Marshall. Bref, d'un côté comme de l'autre de l'Atlantique, on se cherche, on s'observe, on se griffe... et on pousse des cris d'orfraie quand un coup de griffe atteint au visage. Et, progressivement, chacun des mouvements de l'un et de l'autre est observé, décortiqué, critiqué, chargé d'intentions inavouables.

Un projet pour le monde

Il n'empêche que tant la formidable puissance économique que l'éclatante victoire des États-Unis et de l'OTAN sur le Pacte de Varsovie, dont l'implosion a fondamentalement modifié les contours d'un monde qu'on pensait figé, ont fourni à l'Oncle Sam des arguments – et des moyens – pour s'afficher, selon une formule sans doute galvaudée, comme le gendarme du monde. Son hégémonie est totale : son armée, la plus puissante au monde, peut être envoyée dans n'importe quel coin du monde, sa technologie est utilisée sous toutes les latitudes, son modèle culturel est répandu sur toute la surface du globe, ses systèmes d'écoutes (Echelon) couvrent quasiment toute la planète. « L'Amérique est aujourd'hui plus impériale que jamais, résume Gérard Chaliand dans sa préface au livre de Zbigniew Brzezinski[5]. Son projet est d'évidence d'ordre mondial, et elle souhaite maintenir aussi longtemps que possible un environnement international conforme à ses intérêts. »

La parution, en 1993, de l'ouvrage du journaliste Peter Schweizer, intitulé *Friendly Spies* (Espions amicaux)[6], scelle l'entame de la contre-offensive. Épinglant, pour la première fois de façon officielle et systématique, les nombreuses actions d'espionnage menées par des États catalogués comme « amicaux » – essentiellement la France, l'Allemagne, le Japon – contre les entreprises américaines sur le sol américain et à l'étranger, Schweizer donne le ton. Suivront plusieurs auditions (*hearings*) de responsables de services, devant le Congrès, ce qui donnera davantage encore de densité à ces menaces contre les intérêts américains. L'année précédente, Robert Gates, directeur à l'époque de la CIA stigmatisait « l'importance fondamentale et croissante des questions économiques internationales pour le renseignement ».

« Depuis, remarque Jean-François Daguzan, maître de recherche à la Fondation pour la Recherche stratégique et directeur de recherche à la Fondation méditerranéenne d'Études stratégiques, le discours américain a peu changé ; la question des espions amicaux revient de façon récurrente dans les auditions du Congrès, mais la France ne fait plus l'objet de la vindicte des médias. En revanche, deux changements notables se sont opérés sous l'Administration Clinton. D'une part, l'orientation de la politique économique a fait l'objet d'une réflexion vers plus de soutien fédéral et, d'autre part, l'équipe du Président Clinton a mis en place des instruments d'action particulièrement opérationnels dans le domaine de l'intelligence économique[7]. »

Au plus haut niveau de l'État

L'impulsion est en effet venue de l'Administration Clinton. À peine installé dans son fauteuil de président de la plus puissante nation du monde, le « général » Bill Clinton arrête immédiatement une série de priorités, dont l'améliortion des soins de santé ou encore la réduction du chômage, en clair, la reconstruction et le redéploiement de l'État sur la scène nationale mais aussi internationale. Pour cela, il faut redynamiser l'économie, exhorter ses principaux acteurs, augmenter les exportations, définir un cadre d'expansion. Son objectif : arriver à mille milliards de dollars d'exportations annuelles d'ici l'an 2000, un chiffre qui sera d'ailleurs rapidement dépassé et qui permettra aux États-Unis de créer des millions d'emplois nouveaux[8]. Pour atteindre cet objectif ambitieux, la jeune Administration va déployer une véritable stratégie quasi-militaire, avec des états-majors, des champs de bataille et des soldats. « Pour rester dans le jargon, explique Jean-François Daguzan, nous dirons que trois principes simples de stratégie régissent le retour de la supériorité économique des États-Unis : la préparation du terrai, la connassance et l'action[9]. » Branle-bas de combat et avalanche de décrets. En janvier 1993, Bill Clinton nomme Ron Brown au Secrétariat au Commerce, qui jouera un rôle clé dans le redémarrage de l'économie américaine. Au même moment, Edward Luttwak s'attache à théoriser cette volonté politique, en donnant à la géoéconomie et à ses règles une perspective de stratégie militaire[10].

1993, l'année de tous les dangers...

Parallèlement, le jeune président invente de nouveaux outils pour cette conquête du marché international, dont le National Economic Council (NEC), établi en janvier 1993, sur le modèle du National Security Council (NSC). Le NEC coordonnera et assurera la cohérence globale des différents acteurs au sommet de l'État. Avec le NEC, se met en place une véritable stratégie nationale à l'exportation, fondée sur une volonté de coordonner les besoins des entreprises et l'action de l'administration. Très rapidement, une dizaine de marchés émergents (Mexique, Argentine, Brésil, Inde, Chine, Indonésie, Corée, Pologne, Afrique du Sud, Turquie) seront désignés comme cibles prioritaires à l'exportation. Conscient de l'intérêt stratégique du NEC, le nouveau président, George W. Bush, n'a bien évidemment pas remis en cause ni son existence ni ses objectifs. Mieux : en janvier 2001, il annonce que le NEC serait englobé au sein du National Security Council, poursuivant ainsi la route tracée par son prédécesseur. *Never change a winning team !* « Désormais, les intérêts économiques privés américains et la communauté du renseignement feront officiellement corps, au sommet de l'État[11]. » Voici les liens entre les agences de renseignement et l'industrie enfin officialisés ! Concrètement, Lawrence Lindsey, le nouveau patron du NEC, a installé ses bureaux dans les locaux mêmes du NSC.

Créé par un nouveau décret, le National CounterIntelligence Policy Board, pour sa part, est sous le contrôle direct du NSC. Si l'on en croit Aymeri de Montesquiou, ancien vice-président de la Commission des Affaires étrangères à l'Assemblée nationale française, « le NEC aurait participé, depuis sa création, à la signature de 200 gros contrats ayant assuré 1,4 million d'emplois, le but avoué étant d'aboutir à 1 200 milliards de dollars d'exportation »... Quelques jours plus tôt, un décret du 7 janvier 1993 instaure le National Industry Security Program (NISP), qui organise, en collaboration avec le Département de la Défense (DoD) et une vingtaine d'agences gouvernementales, la protection des entreprises, des universités et des centres de recherche contre les offensives étrangères. Et pour que les choses soient limpides, le président Clinton se fendra, en 1994, d'une déclaration dénuée de toute ambiguïté, intitulée « A National Security Strategy of Engagement and Enlargement ». « Afin de bien prédire les dangers qui pèsent sur la démocratie et sur le bien-être économique des États-Unis, l'appareil du renseignement doit suivre l'évolution de la situation politique, économique, sociale et militaire dans les parties du monde où les intérêts américains sont le plus engagés et où la collecte officielle d'informations de sources ouvertes est inadéquate. Le renseignement économique jouera un rôle de plus en plus important pour aider les décideurs à comprendre les tendances économiques. Il peut appuyer les négociateurs commerciaux américains et contribuer à rendre plus équitables les règles du jeu économique en repérant les menaces que les services de renseignement étrangers et les pratiques commerciales déloyales font peser sur les entreprises américaines. La présente déclaration prévoit clairement le recours à des méthodes clandestines pour obtenir ces renseignements là où la collecte officielle (...) de sources ouvertes est inadéquate. » Dans son dernier ouvrage[12], le journaliste Duncan Campbell affirme que « des compte rendus déclassés du Comité de Coordination pour la Promotion du Commerce de 1994 montrent que la CIA jouait un rôle important dans la récupération des marchés au profit des États-Unis. Ce rôle ne se limitait pas à traquer la corruption, ou mettre au jour le lobbying pratiqué par les gouvernements étrangers ». Quelques années auparavant, en 1996, le Baltimore Sun avait enquêté aux États-Unis sur cette interpénétration de la communauté du renseignement américain et du monde des affaires. Il a ainsi pu recueillir les témoignages d'anciens officiels des services de renseignement et d'autres experts qui lui ont affirmé « que le Département du Commerce conseille régulièrement des compagnies américaines grâce à des informations recueillies par l'espionnage pour les aider à obtenir des contrats à l'étranger[13] ». Témoin de la continuité de cette politique volontariste, Madeleine Albright, qui venait d'accéder au poste de Secrétaire d'État, déclarait devant le Sénat, le 8 janvier 1997 : « Nous devons construire un système économique global qui travaille pour les États-Unis. »

Pour combattre l'espionnage économique à grande échelle dont ils sont – c'est une indéniable réalité – l'objet, les États-Unis ont fait preuve de cohérence et se sont dotés d'un outil coercitif en votant l'Economic Espionage Act en 1996. Cette loi conforte par elle-même le rôle de gendarme du monde des États-Unis : elle s'applique non seulement sur le territoire américain mais également à l'étranger pour autant que le contrevenant ou la victime soit américain ou si l'infraction « était destinée – ou avait eu – un effet aux États-Unis ». Bref, la loi américaine devient une loi mondiale ! Chaque année, plusieurs organismes américains – dont le National CounterIntelligence Center, le NACIC – publient une liste des attaques en tous genres menées contre leurs entreprises au cours de l'année écoulée et pointent régulièrement du doigt les États en cause. Mais l'organe le plus étonnant, bien que critiqué par certains[14], créé par « General Bill », reste assurément l'Advocacy Center, aussi surnommé War Room, ou chambre de guerre, du Département du Commerce.

Sport en chambre... de guerre !

Véritable état-major de crise permanent, l'Advocacy Center (nda : Advocacy pourrait se traduire par appui ou plaidoyer), dont les statuts sont réglés par un cadre légal, est chargé de surveiller les pays émergents et les défis de la nouvelle économie (technologies de l'information, transport, armement, environnement, services financiers, santé, etc.) et d'appuyer toutes les entreprises qui cherchent à exporter. Créée au sein du Département du Commerce, cette structure d'appui aux entreprises nationales regroupe les représentants des 19 agences gouvernementales jouant un rôle dans la politique d'exportation (Trade Promotion Coordinating Committee). Question : comme n'ont pas manqué de le faire remarquer les membres de la Commission Échelon du Parlement européen, le Centre indique sur son site (*www.ita.doc.gov/advocacy*) qu'il regroupe 19 agences gouvernementales... mais il n'en cite que 14 ! « Pourquoi, s'interrogent les parlementaires, qui n'ont par ailleurs pas été autorisés à rencontrer les douze membres du Centre, les noms de cinq d'entre elles ne peuvent-ils être rendus publics ? » On doute que cet oubli soit motivé par la pudeur. Toujours est-il que le message délivré sur ce site de présentation est sans équivoque : « L'Advocacy Center met les ressources et l'autorité du gouvernement américain derrière votre équipe pour vous aider à résoudre les problèmes, tels que des contrats ciblés par des entreprises étrangères qui sont soutenues par leur gouvernement pour exercer des pressions sur un client, des opportunités de marchés qui risquent de vous échapper en raison d'avantages irréguliers (*unfair*) présentés par un concurrent, etc. (...) Bref, nous sommes vos avocats ! » Depuis sa création en 1993, l'Advocacy Center s'est manifesté dans tous les secteurs – aérospatial, infrastructures, énergie, environnement, télécommunications, etc. – ainsi qu'en fait foi une longue liste de « Success Stories », qui reprend le nom des dizaines d'entreprises (Motorola en Chine, Applied Telecommunications en Uruguay, Crown Castle International Corp. en Angleterre, etc.) ayant bénéficié de ses services, dans tous les coins du monde ! C'est la War Room qui traite les cent appels d'offre les plus importants sur les dix marchés émergents du NEC. Cette collaboration, au plus haut niveau de l'État – qui a pris conscience de l'importance des enjeux mondiaux et du poids de son administration –, entre l'administration, les entreprises et les services de renseignement, est sans doute unique au monde. Mais, comme l'expliquent Bernard Besson et Jean-Claude Possin[15], « l'efficacité n'est pas dans la War Room mais dans les réflexes, la culture et la simplicité des échanges d'informations, car listes d'appels d'offre et War Room ne sont que les maillons d'un vaste ensemble ».

Le leitmotiv « made in Washington » s'articule donc autour de deux axes : primo, les États-Unis, qui ont pris conscience de l'ampleur des actions d'espionnage menées contre leur potentiel économique, ne font qu'organiser leur défense, notamment en luttant contre les « opérations de corruption » ; secundo, les services américains ne mènent aucune action clandestine et ne mènent pas d'opérations actives d'espionnage. « Je peux vous assurer que la CIA ne mène aucune opération d'espionnage économique », nous certifiait un ancien haut placé de la Compagnie. À voir...

Une toute autre réalité

En discutant avec trois « officiels » américains de la décision du président Clinton, en septembre 1993, de réunir les « Big Three » de l'automobile (Ford, Chrysler et General Motors) devant le défi d'inventer la voiture de demain, mettant ainsi sur pied un « nouveau partenariat entre le gouvernement et l'industrie », Robert Dreyfuss[16] a tenté d'aller un peu plus loin que le discours officiel de la Maison blanche. Ses interlocuteurs ont reconnu qu'en réalité, la CIA fournissait déjà au gouvernement des informations sur la technologie japonaise en matière d'automobile. Et de citer Cary Gravatt, à l'époque assistant spécial du sous-Secrétaire du Commerce pour la Technologie Mary Good, qui confirme que « la CIA est une bonne source d'informations au sujet de l'état actuel de la technologie dans un certain pays », ajoutant que si beaucoup de ces informations provenaient de données publiques, au moins une partie avait été rassemblée clandestinement et restait classifiée. Quant au National Economic Council, véritable fer de lance de la mécanique économique de l'Oncle Sam, un ancien de la Compagnie (le surnom de la CIA) dit « qu'il traite la CIA comme une simple extension de sa propre équipe », précisant que « presque chaque jour, Bob Cutter (nla : le directeur du NEC) demande à la CIA des informations sur des sujets d'ordre économique ».

La CIA prise la main dans le sac !

Remballés ! Quand les Français décident de proprement renvoyer cinq agents de la CIA dans leurs pénates, c'est la stupeur à Langley. Il faut dire que l'opération a été menée de main de maître et laisse à la Compagnie peu d'arguments pour contrer cette mesure sans appel. Tout commence en avril 1992. Lors d'un cocktail organisé à l'Unesco, à Paris, une sympathique quinquagénaire, Mary Ann Baumgartner, rencontre un jeune homme, Henri Plagnol. Lui, est un haut fonctionnaire français du Conseil d'État. Elle, l'un des officiers traitants de l'antenne de… la CIA à Paris, ce qu'elle se garde bien de mentionner à son interlocuteur : elle s'est présentée à lui comme la représentante du Dallas Market Center, une des nombreuses fondations qui foisonnent outre-Atlantique. Un « courant de sympathie » réciproque les amène à se revoir à plusieurs reprises. C'est au cours de l'un de ces rendez-vous que Mary Ann Baumgartner demande au jeune homme s'il pourrait réaliser une étude sur le contentieux existant entre Paris et Washington en ce qui concerne des questions internationales. Il n'y a là rien d'illégal et le jeune homme accepte. Dans son ouvrage, Guillaume Dasquié[17] revient sur cette étonnante affaire. « Ces agents s'intéressaient de très près à ce que l'on appelait, à l'époque des négociations du GATT, «l'exception culturelle», qui prévoyait d'imposer un certain pourcentage de productions françaises pour contrer la puissance du cinéma américain en Europe. Cette affaire a prouvé clairement qu'une agence comme la CIA pouvait mettre de gros moyens pour défendre les intérêts économiques américains et se mettre au service d'Hollywood. » Mais revenons à notre histoire. Quelques mois plus tard, notre homme incorpore l'équipe du chef de cabinet d'Edouard Balladur, à l'époque Premier ministre. C'est à ce moment que la DST, le contre-espionnage français, intervient : elle a réussi à identifier l'officier de la CIA et avertit le jeune homme, qui tombe des nues, de la réelle identité de son amie américaine. Dorénavant « traité » par la DST, il continuera à fournir documents et études, évidemment « préparés » par le service de contre-espionnage. La récolte est tellement bonne que l'antenne de la CIA décide de passer à la vitesse supérieure : fin 93, Mary Ann présente à son jeune ami un compatriote à elle, lobbyiste dans le secteur céréalier. Il dit s'appeler « M. Pastor ». Le « système » des notes et des études fonctionnent à plein, les agents américains remettant au fonctionnaire français, à chacune de leur rencontre, une liste de questions auxquelles il doit tenter de répondre. Pour chacune de ses livraisons, il perçoit 750 euros (5 000 francs français). Pour la DST, ce petit jeu revêt un intérêt évident : l'analyse précise de la « liste des courses », comme on dit dans les services, lui permet de discerner parfaitement ce que la CIA ignore (puisqu'elle le demande !) et, *a contrario*, ce qu'elle sait. Dans le contexte tendu des négociations internationales, ces informations, qui remonteront très haut dans la hiérarchie américaine, valent de l'or. Quelques mois plus tard, l'opération d'intoxication est arrêtée. C'est l'épilogue : Paris exige le départ de cinq « diplomates » américains, dont Richard (« Dick ») Holms, chef d'antenne de la CIA et Joseph Detrani, le responsable des opérations clandestines pour l'Europe. « Cette retentissante affaire, conclut Dasquié, a également mis en lumière l'incompréhension des uns et des autres : les États-Unis considéraient “l'exception culturelle” comme une véritable agression contre leur développement économique interne, le secteur de la communication étant appelé à devenir aussi stratégique que celui de l'automobile dans les années à venir. (...) En France, nous n'avons pas du tout compris cette vision des choses ! C'est pourquoi la DST ne comprenait pas l'offensive de la CIA..., qui ne comprenait pas les réactions des Français ! »

Quand les services US s'intéressent au parlement européen

« La CIA espionne-t-elle l'Europe ? », s'interrogeait le *Sunday Times* du 4 août 1996. D'un côté comme de l'autre de l'Atlantique, cette affaire n'a pas fait beaucoup de bruit. Mais dans les couloirs feutrés du Parlement et de la

Commission européenne, on s'en souvient encore. Ou, plutôt, on semble ne plus vouloir s'en souvenir ! Replantons le décor.

À l'époque, au milieu des années 1990, l'Europe et les États-Unis s'affrontent, comme ils le feront quelques années plus tard à Seattle, dans le cadre des négociations, cruciales pour les deux parties, du General Agreement on Tariffs and Trade (le GATT). « À l'époque, se souviennent les négociateurs européens, on avait l'impression que nos interlocuteurs américains nous opposaient des arguments en temps réel et qu'ils connaissaient à l'avance toutes nos positions, pourtant tout à fait secrètes. On avait l'impression qu'ils lisaient littéralement par-dessus notre épaule, tellement ils semblaient préparés à nos arguments. » Cette aptitude des négociateurs américains à évoluer comme des poissons dans l'eau dans ces longs marathons mirent la puce à l'oreille des autorités européennes, rompues à ce genre de sport. Décidément, quelque chose clochait. Ce sont les services informatiques des institutions européennes au Luxembourg qui découvriront le pot aux roses. En vérifiant les systèmes de sécurité informatique et en remontant la ligne; ils trouvèrent finalement : quelqu'un avait opéré une série d'intrusions dans leur système. Poursuivant leur enquête, ils seraient remontés jusqu'à un service américain ! C'était d'autant plus dramatique que ce réseau relie entre eux quelque 5 000 personnes – membres du Parlement, chercheurs, officiels, etc. – et connecte le Parlement, le Conseil des ministres, la Commission. Bref, en pénétrant ce réseau, on a accès à un nombre incalculable de données, non seulement d'ordre personnel (situation médicale, financière, etc.), mais aussi économique : documents confidentiels, rapports, documents de travail, etc. Ces intrusions intervenaient d'autre part au plus mauvais moment, puisque les institutions européennes se débattaient dans les crises de la vache folle et des fraudes et, surtout, qu'elles négociaient avec les États-Unis les lignes directrices de l'économie mondiale.

Aucun professionnel ne croit au hasard ! Un responsable européen confirmera d'ailleurs, s'il le fallait encore, « qu'il était établi que le système avait été pénétré quelques jours seulement avant le début des négociations ». En réalité, les « pirates » avaient tout simplement exploité une faille du système : le lien entre les réseaux internes du Parlement et l'extérieur (ordinateurs extérieurs et, évidemment, Internet).

Assez rapidement, l'intrusion ne fit plus aucun doute ; l'information fut immédiatement transmise au Secrétaire du Parlement. Celui-ci exigea un audit de sécurité, qui fut confié à une filiale d'un cabinet d'audit international, au Luxembourg. Dans les milieux européens, c'est la consternation ; c'est la colère aussi. Pourtant peu suspects d'antipathie envers les cousins, les

Britanniques, par la voix de Lord Plum, leader du groupe conservateur (Tory) au Parlement, s'insurgent : « Je vais directement en conférer avec l'ambassadeur américain auprès des Communautés européennes. » Pour sa part, Jean Guisnel avance une autre thèse. Pour lui, c'est la NSA (National Security Agency, l'agence américaine chargée des écoutes dans le monde) qui a réussi un coup de maître. « Les négociateurs de notre pays, et singulièrement le ministre des Affaires étrangères, Alain Juppé, avaient la fâcheuse habitude de converser avec leurs cabinets parisiens depuis les avions du GLAM (Groupement des liaisons aériennes ministérielles), alors qu'ils se trouvaient dans les phases ultimes de mise au point de la position de leur pays. Or, ces liaisons téléphoniques, depuis les Falcon militaires, n'étaient pas protégées par un système de cryptage, et les intercepter fut un jeu d'enfant pour les Grandes Oreilles américaines[18]. » Les liaisons du GLAM non protégées ? Étonnant. Rien n'étant simple dans le monde de l'ombre, une rumeur insistante à l'époque présentait cette histoire de piratage informatique comme un simple écran de fumée répandu par la CIA afin d'occulter la présence d'une taupe très haut placée au siège de la Commission européenne.

Quoi qu'il en soit, ces trois hypothèses ne s'annulent pas ; elles se complètent d'ailleurs plus que probablement. Cet épisode démontre deux choses : d'une part, la vulnérabilité des réseaux informatiques des institutions européennes ; de l'autre, la réalité des moyens déployés par les services américains dans un dossier purement économique. En l'occurrence, il s'agissait bien d'opérations offensives...

« Lopez le terrible » versus... Hortensia III !

Cette affaire « Lopez » a fait grand bruit. Elle avait pourtant débuté de façon presque banale, au printemps 1993. Surnommé « Lopez le terrible » ou « Super Lopez » pour sa capacité à appliquer de drastiques réductions des coûts, José Igniacio Lopez de Arriortua, ingénieur en machines-outils et brillant directeur des achats chez General Motors (GM) à Detroit, est approché par Volkswagen (VW). Comme toujours dans les opérations de débauchage, les conditions sont de celles qui ne se refusent pas ! Le constructeur allemand a-t-il assorti son offre d'une condition : que Lopez emporte dans ses bagages un maximum de fichiers et de documents sensibles traitant de la stratégie, du fonctionnement interne, des prix de revient de son employeur ? Ou l'initiative revient-elle à ce dernier ? Toujours est-il que le 10 mars 1993, Lopez donne sa démission ; six jours plus tard, la direction de General Motors est dans tous ses états : Lopez a vidé tous ses tiroirs ! On imagine aisément que ce coup de maître a dû réjouir les Allemands, toujours à l'affût de tout élément susceptible de lever un coin du voile sur la partie immergée de ce géant qu'est General Motors. Dans son sillage, Lopez entraînera en outre ses plus proches collaborateurs. Jusqu'à présent, il ne s'agit que d'un épisode de plus de la guerre économique que se livrent les géants du secteur.

Mais General Motors et Opel, sa filiale allemande, refuseront le fait accompli, accusant Volkswagen de pillage éhonté de leurs secrets industriels et commerciaux les mieux protégés. Dans un premier temps, Opel contre-attaque sur le plan juridique et dépose plainte auprès du tribunal de Darmstadt. La guerre durera quatre années au terme desquelles, étrangement, un arrangement à l'amiable interviendra, le constructeur allemand acceptant de dédommager GM à concurrence de 100 millions de dollars et de ne plus faire appel aux services de Lopez, qui est sacrifié sur l'autel de la compétition ! Il s'installera à son compte en Espagne. Mais comment expliquer cet accord ? Pourquoi les Américains, si sûrs de leur droit, ont-ils fait l'impasse sur un procès qui s'annonçait retentissant ? L'explication viendra de Erich Schmidt-Eenboom, un ancien officier supérieur de la Bundeswehr, l'armée allemande, reconverti dans le privé, à la direction d'un institut d'études stratégiques. S'exprimant dans les médias allemands, il explique en effet que les Américains, qui disposaient de toutes les pièces – des perquisitions effectuées par la justice allemande dans le bureau et les domiciles privés des transfuges avaient permis de retrouver les documents confidentiels dérobés –, ont préféré jouer en douceur pour éviter de devoir fournir des explications gênantes… sur Echelon. Selon l'ancien officier, si les Américains étaient si bien renseignés sur les pourparlers entre Lopez et son futur employeur VW, ils le devaient à la NSA, dont la base de Bad Aibling en Bavière, surnommée « Hortensia III », avait réussi à intercepter des communications téléphoniques et des vidéoconférences entre les deux comploteurs. L'information aurait ensuite été transmise à l'état-major de Detroit… Difficile d'expliquer aux alliés allemands que leur trafic téléphonique est régulièrement intercepté par les États-Unis…

NOC, NOC, NOC, qui est là ?…

Certaines grandes entreprises bénéficiant des largesses de leur service de renseignement national, il est logique qu'elles renvoient l'ascenseur de temps à autre. C'est, encore une fois, Robert Dreyfuss qui lance le pavé dans la mare[19]. En cause, les « NOC », ou « nonofficial cover ». De quoi s'agit-il ? Des dizaines de firmes américaines offrent tout simplement aux agents de la CIA de travailler sous la couverture de cadres d'entreprise. « Contraints d'adapter leur organisation et leurs méthodes aux exigences croissantes dans le domaine économique, les services américains ont considéré que les entreprises pouvaient contribuer, notamment par leur présence internationale, aux missions de renseignement. Les agences de renseignement américaines s'appuient ainsi sur l'importance des réseaux déployés par les entreprises pour la promotion de leur développement international, qu'il s'agisse de filiales étrangères ou de bureaux de représentation, ainsi que sur leur expérience des phénomènes locaux ou régionaux. Et il n'est plus rare que des missions de recueil d'informations soient en quelque sorte «déléguées» à ces entreprises[20]. »

Relancé par feu William Casey, le directeur de la Compagnie nommé par Ronald Reagan dans les années 80 (notamment pour pallier les conséquences de l'éviction de la CIA en Iran par les nouvelles autorités iraniennes, après la chute du Shah), ce programme aurait été réorienté vers le secteur économique dans les années 90. N'entretenant apparemment aucun lien avec leur gouvernement, ces agents peuvent approcher des gens qui, sinon, n'entreraient jamais en contact avec un représentant officiel de l'ambassade américaine. Tous les services secrets d'une certaine envergure utilisent des agents sous couverture soit pour des missions ponctuelles, soit pour pénétrer un pays en profondeur et obtenir ainsi des informations non accessibles à leurs réseaux officiels. Les opérations de la CIA ou de la DEA (Drug Enforcement Administration) dans les réseaux de terroristes, trafiquants de drogues ou les milieux des trafiquants d'armes incluent souvent ces agents sous couverture, qui peuvent évoluer plus facilement dans ces cercles sans éveiller la suspicion. Sous la couverture de businessmen, ces agents mènent des opérations spéciales et recrutent d'autres agents. « Cent dix officiers de la CIA servent actuellement comme NOC, selon un ancien de la CIA », révèle Dreyfuss. Quelques-unes des entreprises les plus connues dans la hiérarchie des firmes américaines, ont, selon les sources à la CIA, sponsorisé des opérations NOC à l'étranger : RJR Nabisco, Prentice-Hall, Ford Motor CO., Procter & Gamble, IBM, General Electric, Bank of America, Chase Manhattan, (...). S'appuyant sur les témoignages de plusieurs sources au sein de la CIA, Dreyfuss explique encore que, ces dernières années, les NOC ont très fortement tourné leurs centres d'intérêt vers le secteur économique. Au sein de la CIA, c'est l'Office of Central Cover qui dirige le programme « nonofficial cover », en collaboration avec l'Office of External Development. Celui-ci est chargé d'une part, de recruter, notamment par le biais de petites annonces dans les journaux économiques, des agents qui pourraient faire office de NOC et, d'autre part, d'identifier, recruter et persuader des entreprises américaines à participer à l'opération. En utilisant leur parfaite couverture d'hommes d'affaires, « ces agents cherchent à recruter des agents dans les ministères de l'Économie des gouvernements étrangers ou à obtenir des informations sur les industries évoluant dans les secteurs high-tech des computers, de l'éléctronique et de l'aérospatiale ». Dans le domaine économique, les services de renseignement américains sont principalement actifs en Europe occidentale, au Moyen-Orient, au Japon – qui s'insurgera à plusieurs reprises – et dans les pays en plein développement, tels que le Brésil, l'Inde, le Mexique. Interrogé sur la participation de son entreprise au programme NOC, un porte-parole de Prentice-Hall répondit, non sans pertinence : « Si c'est le cas et qu'on vous le confirme, ce ne serait pas vraiment une bonne couverture, n'est-ce pas ? » Évidemment...

Simple question de priorité

Cette description, partielle, de la machine de guerre américaine n'a aucunement pour but de vouer les États-Unis aux gémonies. Après avoir longuement réfléchi à la place qu'ils estimaient devoir leur revenir, après avoir déterminé des objectifs stratégiques, engagé des moyens humains, financiers et technologiques s'appuyant sur une décision politique cohérente, l'Oncle Sam a non seulement maintenu sa supériorité – intimement liée à une volonté affirmée de supériorité culturelle et militaire – ; il a aussi augmenté son avance sur le reste du peloton. « Tant que les États-Unis sauront garder cette cohérence (implication de la nation toute entière), résume Philippe Legorjus, PDG d'un cabinet de conseil français spécialisé dans la sécurité des entreprises, et malgré toutes les erreurs qu'ils pourront commettre, ils conserveront leur position dominatrice. Les Américains sont stratèges quand les Européens ne sont que tacticiens[21]. » Cette notion de cohérence dans l'action est tout à fait fondamentale et conditionne le succès et l'unité du dispositif mis en place.

« Depuis 1993, résume Elie Cohen, le dispositif de bataille américain vis-à-vis de l'Europe et du Japon est organisé et pensé en termes de sécurité économique. La défense des intérêts économique des États-Unis a été hissée au rang de priorité stratégique[22] ». La recette de ce succès n'a rien de sorcier. Mais les États-Unis, en cuisiniers sans doute pas très originaux mais consciencieux, l'ont suivie à la lettre. Cette recette n'étant pas protégée, rien n'empêche d'autres de l'appliquer...

Δ

1. Esambert, Bernard, *De la guerre économique*, *in* Revue française de géoéconomie, n°3, automne 1997.
2. L'intelligence américaine N°2, *Un réseau créateur de réseau*, *in* Veille Magazine n°7, octobre 1997.
3. Denécé, Eric, *L'intelligence humanitaire*, *in* Veille Magazine n°3, avril 1997.
4. Brisard, Jean-Charles, *Services de renseignement et intérêts commerciaux américains*, *in* la revue Défense nationale, n°7, juillet 2000.
5. Brzezinski Zbigniew, *Le Grand Échiquier, L'Amérique et le reste du monde*, Hachette Littératures, Paris, janvier 2000.
6. Schweizer, Peter, Friendly Spies, Grove-Atlantic, 1993. Publié la même année chez Grasset sous le titre évocateur *Les nouveaux espions, le pillage des États-Unis par ses alliés.*
7. Daguzan, Jean-François, *Les États-Unis à la recherche de la supériorité économique*, *in* la Revue française de géoéconomie, n°2, été 1997.
8. Guisnel, Jean, *Les pires amis du monde, les relations franco-américaines à la fin du XXe siècle*, Stock, Paris 1999, p. 299.
9. Daguzan, Jean-François, op.cit.
10. Daguzan, Jean-François, op. cit.
11. LMR, n°307, 16 janvier 2001.
12. Campbell, Duncan, *Surveillance électronique planétaire*, Éd. Atlas, Paris, 2001.
13. Shane, Scott, Mixing Business with spying ; secret information is passed routinely to U.S., Baltimore Sun, 1 novembre 1996.
14. Notamment par Robert Steele, un ancien de la CIA et du Marine Corps, reconverti dans le commerce d'informations ouvertes et directeur de Open Sources Solution (OSS). Si Steele reconnaît que l'Advocacy Center bénéficie d'informations classifiées, il critique ce type de dérives stériles, « 80 à 90% des informations étant disponibles grâce aux sources ouvertes et ne nécessitant pas l'utilisation de moyens clandestins ».
15. Besson, Bernard et Possin, Jean-Claude, *L'intelligence économique américaine*, *in* Veille Magazine, n°6, septembre 1997.
16. Dreyfuss, Robert, Company Spies, *The CIA has opened a Global Pandora's Box by Spying on Foreign Competitors of American Compagnies*, Mothers Jones, juin 1994.
17. Moser, Frédéric, *Les services secrets infiltrent les entreprises (interview de Guillaume Dasquié)*, *in* Trends-tendances, 10 juin 1999.
18. Guisnel, Jean, *Guerre dans le cyberespace, Services secrets et Internet*, La Découverte/Poche, Paris, 1997,p.272.
19. Robert Dreyfuss a consacré, en 1995, une série d'articles à ce sujet : The CIA Crosses Over (jan-fév.1995) ; Help Wanted : Spying on Allies ; Office of Central Cover (jan-fév.1995).
20. Brisard, Jean-Charles, *Services de renseignement et intérêts commerciaux américains*, *in* la revue Défense nationale, n°7, juillet 2000.
21. *La sécurité est une question de management*, *in* Veille Magazine, n°24, mai 1999.
22. Cohen, Élie, *La tentation hexagonale : la souveraineté à l'épreuve de la mondialisation*, Fayard, 1996, p.139.

– 7 –
Un Échelon trop loin...

Échelon ! Mais oui, bien sûr !

Depuis trois ans, qui n'a pas entendu parler du réseau Échelon ? Dans les campagnes les plus reculées de la Vieille Europe, personne n'ignore plus rien de ce système américain d'interception des communications, probablement le plus perfectionné au monde ! En substance[1], Echelon désigne tout à la fois le réseau technique permettant l'interception des télécommunications, les moyens techniques pour traiter cette masse d'informations et, enfin, l'alliance, sous l'égide de la National Security Agency (NSA) américaine, de plusieurs agences du même type, connue sous le nom d'alliance UKUSA. À ses débuts, en 1947, ce réseau d'échange d'informations regroupait les services des agences SIGINT (Signal Intelligence) du Royaume-Uni (le GCHQ) et des États-Unis (la NSA), avant d'accueillir trois autres services alliés (le CSE canadien, le DSD australien et le GCSB néo-zélandais). Créé à l'entame de la guerre froide, il fut fort logiquement tourné vers les pays du Pacte de Varsovie et vers des objectifs majoritairement – mais pas exclusivement – militaires.

Néanmoins, cette avalanche de « révélations » allait provoquer de très nombreuses réactions, la création de plusieurs commissions d'enquêtes dans les États membres et une multitude d'articles de presse. Échelon a entre autres été accusé, par des Européens outrés, de permettre non seulement l'interception méthodique de millions de communications téléphoniques, de fax et d'e-mails, mais aussi, agression suprême, de faciliter l'espionnage de leurs entreprises et, partant, de l'ensemble de leur économie. Pour la première fois, des révélations, embarrassantes pour Washington, allaient provoquer des réactions en tous sens dans un domaine – l'espionnage – *a priori* réservé au petit monde de l'ombre.

La presse, tout d'abord, monte aux barricades. Accumulant, de façon assez peu originale, les multiples déclinaisons de titres gravitant tous autour du concept « Comment les États-Unis écoutent la planète », les journaux vont, pour la plupart, revendiquer la paternité de ce scoop, relayant de façon quasi unanime les mêmes explications techniques et les sempiternels exemples d'espionnage économique. Sur un plan politique, la majorité des gouvernements européens vont réagir assez mollement, arguant de leur ignorance complète en la matière et de leur désintérêt patent pour la question. Ainsi, interrogée par l'un des auteurs[2], en mai 1998, la Sûreté de l'État, le service de renseignement civil belge, se fendait-elle d'un lapidaire « *No comment*, vu le contexte international délicat et l'implication de plusieurs services secrets ».

Poussés dans le dos par le Parlement européen, qui s'est décidé, en juillet 2000, à créer une commission d'enquête temporaire sur Échelon, plusieurs parlements nationaux commettront des rapports dont l'apport demeure assez limité. Deux gouvernements vont se signaler par des prises de positions diamétralement opposées. L'Angleterre, montrée du doigt pour sa participation à ce réseau d'inspiration anglo-saxonne, a violemment rejeté toute accusation de traîtrise. Pris en étau entre son indéfectible fidélité à son cousin d'outre-Atlantique, qui le fait passer pour le sous-marin américain au sein de l'Union européenne, et sa participation à la construction de cette même Union, le Royaume-Uni a en effet louvoyé. À l'autre bout du spectre, on retrouve la France, réputée *urbi et orbi* pour un penchant anti-américain plus qu'affirmé. Ainsi, en 1999, Elisabeth Guigou, ministre français de la Justice, monte-t-elle au créneau et saisit son porte-voix. « Les États-Unis, dit-elle, espionnent nos entreprises ! » Elle sera bientôt relayée par la présidente française du Parlement européen, Nicole Fontaine, et le député européen, Thierry Jean-Pierre. L'ancien juge déposera ensuite plainte contre Échelon, ce qui mènera à l'ouverture d'une enquête préliminaire confiée à la DST. Pour le grand public, les entreprises et les journalistes, qui n'ont découvert son existence qu'en 1998, ce réseau d'interception essentiellement anglo-saxon représente une nouvelle exceptionnelle, à tout le moins une réalité dont ils ignoraient tout. Ce n'était pas le cas de tout le monde...

Genèse d'un scoop éventé

Quand, en 1996, le journaliste néo-zélandais, Nicky Hager, publie un livre sur le rôle joué par son pays dans le réseau Échelon[3], le Vieux Continent ne s'en émeut pas. Ce livre, qui a pourtant attiré l'attention du petit monde du renseignement, n'est probablement pas « tombé » par hasard. Une information n'arrivant jamais sur le bureau d'un journaliste toute seule, il est à parier que Nicky Hager a su profiter de l'agacement de son gouvernement et du GCSB, le service d'écoutes néo-zélandais, envers la NSA. De 1985 à 1991, l'agence américaine chargée des écoutes dans le monde avait en effet interrompu le transfert d'informations électroniques à son équivalent néo-zélandais, suite à l'interdiction d'accostage des navires nucléaires américains. La réponse du berger à la bergère, en quelque sorte... Ce n'est que l'année suivante, quand le Scientific and Technological Options Assessment Office (STOA) publie, à l'attention du Parlement européen, un rapport sur l'évaluation des techniques de contrôle politique, dont il avait confié la réalisation à la Fondation Omega, que les autorités européennes prennent officiellement connaissance d'Échelon. Le chapitre de ce rapport consacré aux réseaux d'interception, fortement inspiré du livre de Hager, attire l'attention des parlementaires. Deux ans plus tard, le STOA commande une seconde étude portant cette fois sur le développement des techniques de surveillance et les risques d'utilisation abusive d'informations économiques. Mais c'est surtout l'annexe technique, intitulée « Interception Capabilities 2000 », rédigée par un autre journaliste, l'Écossais Duncan Campbell, qui provoquera un certain émoi. Cette fois, les autorités européennes tombent de haut. L'existence d'Échelon et ses capacités techniques, pourtant présenté comme un véritable scoop qui allait ébranler toutes les composantes de la population européenne, étaient loin de représenter une réelle nouveauté pour les spécialistes.

Rendons donc à César ce qui appartient à César ! Le tout premier à s'être penché sérieusement sur cette formidable administration qu'est la National Security Agency (NSA), fut James Bamford[4] qui publia le premier ouvrage de référence en 1983[5]. Toujours aussi bien documenté, il commettra d'ailleurs une suite, intitulée « Body of secrets »[6]. Deux ans plus tard, un ancien membre des National Security Archives, Jeff Richelson, remit le couvert en publiant lui aussi un livre intitulé « The Ties that Binds », dans lequel il décrit en détail la genèse de l'accord UKUSA. Mais c'est une Britannique, Margaret Newsham[7], qui, la première, mit le feu aux poudres en éventant l'existence du système d'écoutes mondial mis sur pied par les services américains. Cette informaticienne de formation avait été recrutée par la NSA, en 1978, pour travailler sur la base de Menwith Hill, dans le Yorkshire, dirigée par des officiers américains. Quelques années plus tard, elle quitte l'Angleterre, direction la Californie où elle intègre une équipe d'ingénieurs de la société Lockheed Space & Missile Corporation, qui compte parmi ses principaux clients la NSA et la CIA. Offusquée par les « dérives » du système – écoutes de citoyens et de parlementaires américains, espionnage économique, etc. –, elle s'en ouvre à Louis Stokes, président du House Select Intelligence Committee de la Chambre des représentants, puis témoigne, le 29 juin 1988, devant ce même Comité. Alerté, Campbell publiera son premier « papier », un mois et demi plus tard dans l'hebdomadaire « New Stateman ». Prenant progressivement son envol, le « scoop » de Campbell va provoquer une noria de réactions et, dans la foulée, la création de la commission temporaire Échelon du Parlement européen, ainsi que de multiples enquêtes parlementaires sur toute la surface du globe : en Italie, en France, en Belgique, au Royaume-Uni, en Écosse, en Russie, en Scandinavie, mais aussi aux États-Unis où les associations diverses de défense des droits des citoyens vont pousser des cris d'orfraie et accuser, à raison, la NSA de procéder à des écoutes sur le sol américain.

Le mythe et la réalité

Que sait-on *réellement* du réseau Échelon ? À vrai dire, relativement peu de choses car, en dépit de l'avalanche d'articles, d'enquêtes et de reportages, on pâtit d'un manque criant de sources ouvertes primaires. Aujourd'hui, il est pourtant acquis qu'Échelon existe bel et bien et que les États-Unis, en dépit de leurs vives dénégations, pratiquent l'espionnage économique, à l'instar de la plupart des États modernes. Sans en réaliser un inventaire exhaustif, analysons brièvement les éléments principaux en notre possession, qui confirment l'existence de ce réseau. Ces éléments sont de plusieurs ordres.

La lenteur avec laquelle le Parlement européen et les différents États membres ont réagi aux premières informations sur Échelon témoigne d'un incontestable malaise. Malaise, tout d'abord, des services de renseignement européens qui, durant des décennies, ont largement profité – et profitent encore ! – des informations récoltées par les grandes antennes de la NSA. Malaise aussi, de certains services qui, à l'instar de la DGSE française[8], ont bénéficié de la technologie américaine pour mettre au point et développer leur propre service d'écoutes dans le monde. Pris entre deux feux, les principaux services secrets européens vont alimenter leurs autorités respectives en informations sur Échelon, mettant *ipso facto* ces dernières dans l'embarras. Comment réagir face à des opinions publiques avides de précisions, tout en ne brisant pas plus d'un demi-siècle de coopération avec le puissant allié ? Heureusement, du côté des promoteurs d'Échelon, des langues vont se délier et confirmer, à demi-mot, l'existence du réseau. James Woosley, par exemple, va se répandre dans les colonnes de nombreux journaux sur la réalité de l'espionnage américain[9]. En substance, cet ancien directeur de la CIA, sous la présidence de George Bush, reconnaît que l'Oncle Sam *a espionné* ses alliés, non pour leur dérober des technologies qui, de toutes façons, *n'en valent pas la peine* (sic), mais pour protéger les entreprises ou les gouvernements des détestables actions de corruption des Européens. On peut, en toute naïveté, se demander par quels moyens les services américains apprennent ces manœuvres déloyales ! Quelques mois plus tôt, en mars 1999, le directeur du

DSD, Martin Brady, reconnaissait dans une lettre envoyée à un journaliste australien que « le DSD coopère effectivement avec des organisations SIGINT équivalentes, étrangères, dans le cadre de la relation UKUSA ». On ne peut être plus clair. Enfin, fort opportunément, deux documents confidentiels émanant de la NSA ont été obtenus par le National Security Archive, un groupe qui gère l'ensemble des documents déclassifiés, au nom du sacro-saint Freedom of Information Act (FOIA). Ces documents vont non seulement confirmer l'existence du réseau mais aussi son nom[10] !

Au registre des preuves par défaut, l'affaire Hanssen nous fournit un élément intéressant. Brillant agent du FBI pendant près d'un quart de siècle, Robert Philip Hanssen fut arrêté par son employeur le dimanche 18 février 2001 : ce grand professionnel, dont les traitants russes ignoraient jusqu'à son identité et son visage, travaillait en réalité pour le KGB depuis 15 ans ! Ce qui ne laisse pas d'étonner dans cette affaire, c'est la rapidité avec laquelle le FBI sera en mesure d'apporter des éléments extrêmement précis sur son parcours, ses activités occultes et ses contacts avec ses officiers traitants du KGB, puis de son successeur, le SVR[11]. Il ne faudra en effet que quelques jours aux services américains pour fournir à la justice un dossier documenté et bien construit sur Hanssen. L'incroyable précision de ces informations n'a évidemment pas manqué d'interpeller les spécialistes. Dans un chapitre de ce document, intitulé « Recording of telephone conversations », le FBI fait mention d'une conversation téléphonique du 18 août 1986 entre le traître américain, dont le nom de code était « B », et l'officier du KGB Alexandre Fefelov, dont une partie « d'approximativement deux minutes, a été enregistrée », précisant encore que les deux analystes du FBI qui ont côtoyé Hanssen pendant plus de cinq ans avaient parfaitement reconnu sa voix. Il est quasiment certain que Hanssen n'était pas sur écoutes à cette époque, puisqu'il ne planait sur lui pas l'ombre d'un soupçon d'intelligence avec le KGB. Si cela avait été le cas, la totalité de cette conversation aurait été saisie. Il est donc plus que probable que cette conversation du 18 août ait été interceptée par un réseau global d'interception, qu'elle n'ait pas été analysée en son temps ou qu'elle ne signifiait rien pour des analystes qui étaient incapables de la relier à un élément concret. En revanche, une fois Hanssen arrêté, ces deux minutes prenaient tout leur sens...

Il demeure néanmoins quelques incertitudes sur Échelon, puisqu'on ignore tant ses capacités réelles de saisie des communications, de traduction et d'analyse des messages récoltés. En d'autres termes, la NSA est-elle capable de digérer cette formidable masse d'informations pour en tirer du renseignement exploitable ? Dispose-t-elle de logiciels capables de traduire en temps réel les communications interceptées ? L'on peut, sans se tromper, répondre positivement à la première question, tant les cibles sont précises et formellement identifiées.

Que sait-on des cibles visées ? Initialement mis en place pour combattre le Bloc de l'Est, le réseau Échelon a été presque exclusivement exploité, dès sa création, dans la lutte contre le terrorisme international, la grande criminalité, le trafic de drogue, le blanchiment d'argent sale, etc. Mais, a-t-il été réorienté vers des objectifs purement économiques, comme on l'a largement affirmé ? « Sans préjuger des résultats des investigations que vous menez, remarquait Hervé Masurel devant la Commission Échelon, on peut affirmer que l'existence de capacités d'interception de télécommunications mises en place par les États-Unis avec le concours du Royaume-Uni, du Canada, de la Nouvelle-Zélande et de l'Australie n'est plus guère aujourd'hui contestée ; leur principal objet à l'origine était de recueillir des informations sur les pays membres du Pacte de Varsovie ; des documents officiels américains récemment déclassifiés par l'administration en attestent effectivement l'existence et la dénomination[12]. »

Un formidable réseau d'espionnage économique ?

Système passif, puisqu'il intercepte les communications sans laisser de traces, le système Échelon est difficile à appréhender et à définir. Sans entrer dans les détails de sa configuration, de ses moyens et de ses capacités techniques, que peut-on dire de ses éventuels objectifs économiques ? En d'autres termes, les radômes de Menwith Hill ou de Bad Aibling sont-ils déployés pour espionner les entreprises européennes ? S'alimentant tous aux mêmes sources, les journalistes et les rapporteurs des différentes commissions d'enquêtes parlementaires se sont bornés à répéter *ad nauseam* les mêmes informations, s'acharnant à relever, comme une antienne, les mêmes exemples pour expliquer le dévoiement du système d'interception anglo-saxon. Au nombre de ceux-ci, la perte du contrat portant sur l'installation d'un système radar couvrant toute l'Amazonie que Thompson-CSF a perdu au profit de la firme américaine Raytheon ; la vente d'avions Boeing à l'Arabie Saoudite au détriment d'Airbus ; ou encore la perte par Siemens du marché d'équipements électroniques en Inde ou l'espionnage des communications des officiels mexicains impliqués dans les négociations de l'accord de libre-échange nord-américain (ALENA) avec leurs puissants voisins nord-américains et canadiens. Derrière chacun de ces cas, on a désigné un coupable : la NSA, dont l'intervention occulte aurait bénéficié aux entreprises et à l'administration américaines. Mais comme le souligne Arthur Paecht, l'auteur du rapport d'information de la Commission française de la Défense nationale et des Forces armées, « aucune plainte d'entreprise française, ou même européenne, n'a jamais été déposée en raison des dommages occasionnés par des écoutes électroniques, ce qui explique que le Quai d'Orsay n'ait jamais eu de réprobation diplomatique à formuler. Symétriquement, aucune entreprise américaine ne s'est jamais plainte d'écoutes de la part de services européens de renseignement [13] ». On peut, en tous les cas, se concentrer sur un constat : depuis le début des années 50, les États-Unis disposent avec la NSA, puis avec le réseau UKUSA, d'un formidable outil, alimenté par des moyens techniques et technologiques extrêmement performants et des budgets colossaux, par ailleurs – c'est capital – soutenu par une réelle volonté politique. Sur un plan purement théorique, cette « machine » est sans doute effectivement capable d'intercepter tout type de communication, sous toutes les latitudes et à tout moment. Sur un plan pratique, il est probable que cette capacité technique se voit limitée par certaines contingences, notamment en termes de tri et d'analyse des informations récoltées. Mais la logique la plus élémentaire impose de constater qu'il serait impensable que, disposant d'un tel outil, les États-Unis... ne s'en servent pas ! À nos yeux, il est stérile de se perdre en conjectures sur les capacités techniques du réseau Échelon, sur la légalité de ces interceptions, sur le pourcentage d'interceptions d'informations d'ordre économique et sur les éventuelles atteintes à la vie privée. Quant à la probabilité que la NSA désigne, dans ses objectifs, des cibles de nature économique, nous estimons qu'elle est élevée et qu'il serait naïf de se réfugier derrière les dénégations des responsables américains. Comme l'explique fort calmement Rémi Kauffer, auteur de « L'arme de la désinformation » (14), les États-Unis, ne voyant plus en face d'eux de force capable de leur résister, après l'éclatement du monde bipolaire, utilisent sans retenue des pratiques, telles la désinformation ou l'espionnage économique, hors de leurs frontières.

Si l'on excepte les assertions de Margaret Newsham, d'autres déclarations fiables étayent les suspicions européennes. « En 1990, raconte Fred Stock, un ancien spécialiste des écoutes canadien qui a travaillé pour le Communications Security Establishment de 1978 à 1995 (15), la NSA nous a fait directement savoir que nous devions considérer l'Union européenne et, tout particulièrement, l'Allemagne, comme un ennemi. Ils ont bien utilisé le terme d'»ennemi». Cela m'a mis en colère. Pour quelle raison est-ce que nos alliés (dans l'Otan) devaient soudainement être qualifiés d'ennemis ? » Le terme « ennemi » devant être évidemment entendu comme ennemis économiques et non politiques ou militaires...

Révélations sur Échelon : un hasard... provoqué ?

On peut bien sûr s'interroger sur cette cascade de révélations, sur les objectifs des deux journalistes à l'origine de l'affaire Échelon et sur l'origine de leurs informations. Sans mettre en doute la sincérité de leur démarche, on peut légitimement s'interroger sur les objectifs de leurs sources. Certains services de renseignement avaient-ils intérêt à dénoncer sur la place publique les actions de la NSA ? On a vu l'origine des informations du journaliste Nicky Hager, qui a bénéficié de l'agacement des autorités australiennes face à l'attitude américaine. Mais ne pourrait-on pousser le bouchon plus loin : les autorités américaines n'auraient-elles pas voulu mettre en lumière la porosité des réseaux informatiques des Européens afin de promouvoir, à terme, leurs propres entreprises de sécurisation des réseaux, largement majoritaires sur le marché ? Et ainsi, pourquoi pas, introduire partout – dans les entreprises, les institutions, les administrations, etc. – des chevaux de Troie, des sniffers et autres *logiciels espions* ? Rien qu'au Japon, plus de 85% des logiciels de protection informatique sont importés des États-Unis...

Dans la même veine, une autre thèse s'alimente du précepte qui veut que, lorsqu'une information secrète est divulguée, c'est qu'elle est déjà dépassée ! C'est dans ce cadre que certains spécialistes ont affirmé à l'un des auteurs que la NSA aurait finalement réussi à développer un outil fantastique et révolutionnaire sur lequel planchent, depuis des années, plusieurs laboratoires dans le monde : l'ordinateur quantique. Pour sa part, la newsletter « Le monde du renseignement » a recueilli, sous le sceau de l'anonymat, le témoignage d'un cadre de la NSA qui affirme que son agence dispose aujourd'hui des premiers ordinateurs quantiques[16]. Véritable graal scientifique, cet ordinateur qui, grâce aux formidables potentialités de la physique quantique, surpasse largement les ordinateurs actuels les plus puissants, permettrait d'une part, de « casser » les clés de cryptage les plus perfectionnées et, d'autre part, de garantir la sécurité des informations transmises et réceptionnées par deux ordinateurs de ce type. Présente dans tous les cénacles et les groupes actifs dans la recherche sur les ordinateurs quantiques et en contact régulier avec les grandes entreprises informatiques ayant développé des programmes de recherche dans ce domaine, la NSA est-elle parvenue à décrocher le graal ? Pour l'instant, il faut le reconnaître, bien que ne relevant aucunement du fantasme, cette probabilité n'a pas encore été définitivement établie.

D'autres, en revanche, analysent la situation par l'autre bout de la lorgnette et pointent du doigt les services de renseignement européens, qui auraient « facilité » les fuites afin de donner un petit coup de pouce aux initiatives visant à autoriser la généralisation de systèmes de cryptage performants, seuls garants de la sécurité des communications. Les autorités européennes avaient-elles un objectif précis en autorisant et en promouvant la publication des premiers rapports sur Échelon qui, c'est une première, citent nommément un service de renseignement étranger, en l'occurrence la NSA ? Convient-il d'analyser au travers de ce spectre l'extraordinaire « naïveté » du chef des services de cryptage de la Commission européenne, le Britannique Desmond Perkins qui, le 6 février 2001, a déclaré devant un parterre de députés européens stupéfaits que les systèmes de sécurité des instances européennes étaient tout à fait fiables pour la simple raison... qu'ils avaient été testés par... la NSA ? Le démenti embarrassé de la Commission, qui a réfuté tout contact avec cette agence américaine, n'a fait qu'ajouter à la confusion et alimenter la polémique sur la fiabilité de la protection des données confidentielles européennes.

La réponse du berger à la bergère

Quelle que soit la raison de ce grand déballage, les réactions des institutions européennes et des États membres ne se sont pas fait attendre. Avant même la rédaction finale de leur rapport, les euro-députés de la Commission Échelon invitaient, le 29 mai 2001, les particuliers, les entreprises, les institutions européennes et les administrations des États membres à crypter systématiquement leurs e-mails, « un courrier non crypté s'assimilant à une lettre sans enveloppe ». Le lendemain, c'était au tour d'un député européen d'enfoncer le clou et d'inciter les entreprises à se soucier davantage de la protection de la confidentialité de leurs communications... en les cryptant. Membre de cette même Commission, le socialiste allemand Gerhard Schmid a pour sa part fait montre de pragmatisme en expliquant, par le menu, les trois cas de figure où les communications des entreprises pouvaient être interceptées par un système d'écoutes tel qu'Échelon : la transmission d'informations autour du globe pour les entreprises installées sur plusieurs continents, les vidéoconférences de multinationales transmises par satellites ou liaisons câblées et la transmission d'informations à la maison mère au cours de négociations sur place de marchés importants[17]. Quelle unanimité ! Les Européens auraient-ils, enfin, trouvé un terrain d'entente ? Toujours est-il que le message semble être passé comme une lettre à la poste ; en tout cas, il a débloqué bien des réticences, liées principalement aux difficultés d'écoutes de communications cryptées pour leurs services de police et de renseignement. Plusieurs gouvernements européens ont saisi la balle au bond, accélérant les débats sur la question du cryptage, voire autorisant sa généralisation dans le grand public. Au nombre de ceux-ci, l'Allemagne, le Royaume-Uni ou la France, mais aussi la Belgique et le Danemark. L'attitude du gouvernement danois est d'ailleurs symptomatique à cet égard. Refusant l'instauration d'une commission d'enquête sur Echelon afin d'éviter d'envenimer les relations avec Washington, le ministre de la Justice, Frank Jensen, appelait malgré tout les entreprises danoises à « se protéger de l'espionnage économique en cryptant leurs communications électroniques »... à la suite des révélations sur Échelon ! Bref, il faut s'attendre, dans les années à venir, à un développement des systèmes de cryptage et, surtout, espérer un changement de mentalités dans le chef des entreprises européennes.

Δ

1. Loewenthal, Jean-François, *Le réseau Échelon*, *in* la revue Renseignement et Opérations spéciales, n°7, mars 2001, L'Harmattan.
2. Moser, Frédéric, Moniquet, Claude, *Guerre économique, Comment les États-Unis veulent dominer le monde*, *in* Télémoustique, 13 mai 1998.
3. Hager, Nicky, *Secret Power : New Zealand's Role in the International Spy Network*, Craig potton Publishing, Nelson, 1996.
4. Dans son ouvrage, James Bamford fournit plusieurs documents expliquant les programmes de surveillance domestique de l'agence.
5. Bamford, James, *The Puzzle palace : A Report on America's Most Secret Agency*, Penguin Books, 1983.
6. Bamford, James, *Body of Secrets, Anatomy of the ultra-secret National Security Agency, From the Cold War through the Dawn of a New Century*, Doubleday, New York, 2001.
7. Le Monde du Renseignement, n°377, 2 mars 2000 et l'interview de Margaret Newsham (« Échelon was my Baby »), réalisée par Bo Elkjaer et Kenan Seeberg dans l'Ekstra Bladed du 17 novembre 1999.
8. *Le secret embarras des Français au sujet d'Échelon*, *in* Le Monde du Renseignement, n°378, 16 mars 2000.
9. Notamment dans le Wall Street Journal du 22 mars 2000.
10. NAVSECGRU Instruction C5450.48, subj : Mission, Functions and Tasks of naval Security Group Activity, Sugar Grove, West Virginia, 3 septembre 1991/*Activation of Échelon Units*, from History of the Air Intelligence Agency, 1 January-31 December 1994 (15 décembre 1995).
11. Affidavit in support of criminal complaint, arrest warrant and search warrants, doc. du FBI.
12. Masurel, Hervé, Représentant de la présidence du Conseil européen, Réunion de la Commission temporaire sur le système d'interception Échelon du Parlement européen du 28 novembre 2000.
13. Rapport d'information sur les systèmes de surveillance et d'interception électroniques pouvant mettre en cause la sécurité nationale, 11 octobre 2000.
14. Kauffer, Rémi, *L'arme de la désinformation, Les multinationales américaines en guerre contre l'Europe*, Grasset, Paris, 1999 et Moser, Frédéric, « Désinformation, l'intox US », *in* Trends-tendances du 24 février 2000.
15. Audition devant la Commission temporaire Échelon du Parlement européen de Bo Elkjaer et Kenan Seeberg, deux journalistes danois du journal Ekstra Bladet.
16. Le Monde du renseignement, n°398, 25 janvier 2001.
17. AFP, 30 mai 2001.

– 8 –
Belgique, terre d'accueil ?

« Vous lisez trop de romans ! »

Lors d'un repas, sanctionnant un colloque dédié à l'intelligence économique à Mons, un responsable d'une puissante société belge était manifestement en confiance, entre « gens de qualité ». Entouré de collègues, tous responsables d'une cellule ou d'un service de veille ou d'intelligence économique, il ignorait probablement qu'un journaliste ne perdait pas une miette de ce qu'il racontait, avec délectation. Entre la poire et le fromage, il expliqua ainsi, le plus calmement du monde, que lorsque sa firme accueillait un hôte étranger, la chambre d'hôtel de ce dernier était systématiquement « visitée », son attaché-case retourné et ses documents photographiés. Est-on dans un film de James Bond ou dans la crue réalité ?

Il est à parier que cette anecdote, véridique, fera hurler ceux qui se qualifient de « vrais professionnels de l'intelligence économique et qui ne se commettent pas avec la lie de la profession ». Il est clair que l'on ne peut se permettre de généraliser, mais il y a loin de la coupe aux lèvres entre le réflexe paranoïaque et le refus de voir la réalité. N'en déplaise aux bonnes âmes, l'espionnage économique, officiellement voué aux gémonies par tous, est une réalité. « L'espionnage, se plaisait à nous raconter un consultant en 1993, c'est comme une maladie honteuse : tout le monde peut l'attraper, mais personne n'en parle ! » Et pourtant, combien de fois les auteurs n'ont-ils pas entendu cette rengaine – « vous lisez trop de romans » –, répétée comme une antienne ? Cette apostrophe témoigne du climat de profonde naïveté qui prévaut en Belgique par rapport à une vaste problématique de l'espionnage industriel ou économique. Sans jouer les Cassandre ou les messagers maudits, pourquoi la Belgique serait-elle épargnée alors que tous ses voisins sont surveillés, espionnés, piratés ? Pourquoi les entreprises belges n'intéresseraient-elles pas leurs concurrents belges et étrangers ? Comment expliquer l'absence quasi générale de prise de conscience du danger de l'espionnage de la part des différents gouvernements, des chefs d'entreprise, des institutions ? Tant sa situation géographique que la concentration d'institutions internationales d'envergure (Union européenne, OTAN, UEO, etc.) sur son territoire, confèrent au pays une importance politique et stratégique non négligeable. La présence des institutions européennes à Bruxelles conduit inévitablement à une inflation du nombre des cabinets d'influence, dont certains ont une fâcheuse tendance à porter plusieurs casquettes... Parle-t-on, en Belgique, de techniques ou de campagnes de désinformation ? De guerre de l'information ? De gestion de crise ? De guerre sur Internet ? Poser la question...

Aux États-Unis, l'Administration, les agences fédérales et les grands départements organisent régulièrement des séminaires et de véritables campagnes de sensibilisation d'envergure destinés aux entreprises. Au Pays du Soleil levant, cette démarche a été intégrée de longue date dans les rapports qu'entretiennent entre eux les multiples acteurs – services secrets, entreprises, ministères, etc. – intervenant dans le domaine économique. Dans les pays limitrophes, la conscientisation des acteurs économiques à la problématique de l'intelligence économique et de l'espionnage commence à porter ses fruits. La Belgique, en revanche, semble y être indifférente et étrangère. Ce n'est que depuis fin 1998, par exemple, qu'une loi institue une mission de protection du potentiel économique et scientifique à son service de renseignement. Plusieurs éléments expliquent ce retard important.

Le Plat Pays est pourtant loin d'être un désert économique ! À l'instar de ses voisins, une noria d'entreprises, de PME-PMI, de start-up et, plus récemment, de spin-offs extrêmement dynamiques ont développé des produits de très haute technologie qu'elles sont, parfois, les seules à exploiter dans des niches très étroites. C'est par exemple une société belge de Louvain, Cryptomathic, dirigée par deux chercheurs, Vincent Rijmen et Joan Daemen, qui a réussi à vendre son «Advanced Ecryption Standard» au Département du Commerce américain, qui l'utilise depuis fin décembre 2001. Un succès retentissant ! Des laboratoires universitaires se sont positionnés en tête de la recherche, notamment dans les secteurs de l'aéronautique, des biotechnologies, de la génétique, des télécommunications ou de la télématique. Bref, la Belgique, dont l'économie est à plus de 80% tournée vers les exportations, est loin de représenter un marché moribond ; ses entreprises sont loin d'être, toutes, désuètes ; mieux, elles attirent des regards dénués de toute condescendance de la part de ses partenaires, voire des convoitises. Écartelée entre ses différentes communautés linguistiques, la Belgique entretient le sentiment – objet d'un étonnement sans cesse renouvelé de la part des étrangers –, de ne plus « s'appartenir », d'être phagocytée par ses voisins tant sur les plans politique qu'économique. Ce sentiment est conforté par une situation que d'aucuns n'hésitent pas à qualifier d'absence d'État, qu'il convient d'entendre au sens jacobin et hexagonal du terme ou de décliner sur les modèles allemand et anglais. Ces dernières années, il est vrai que la vie économique a été largement alimentée par la multiplication des participations croisées et la valse des rachats de plusieurs fleurons de l'économie nationale (Cockerill, Fina, La Générale de Belgique, etc.), par des groupes étrangers. Cette carence de sentiment national et de volonté farouche de défendre des intérêts nationaux explique partiellement l'absence de conscientisation des entreprises et du landernau politique. Enfin, il convient de mettre en lumière l'absence totale d'une culture du renseignement en Belgique, tant de la part des entreprises que du pouvoir politique.

Quand Belgacom perd ses papiers...

À peine sortie des libations de la nouvelle année, la Belgique découvre que l'espionnage industriel est une réalité. À la mi-janvier 2001, le quotidien flamand « De Morgen »[1] tourne ses projecteurs vers le secteur hautement concurrentiel des télécommunications. Barrant ses colonnes, un titre très descriptif, très anglo-saxon : « Belgacom porte plainte contre KPN Belgium » pour espionnage industriel. De quoi définitivement réveiller les derniers esprits embués. De manière assez étrange, pourtant, seule une poignée de journaux se borneront à relayer l'événement, qui tombera rapidement dans l'oubli. De quoi s'agit-il ? Au mois d'août de l'année précédente, Belgacom avait porté plainte contre X devant le parquet de Bruxelles, pour vol de documents confidentiels : des « business plans », des listes de clients importants et une analyse de leurs besoins en télécommunications ont tout simplement disparu ! En dépit de la volonté de l'opérateur belge de minimiser l'affaire, il s'agit bien de documents d'ordre stratégique. Le porte-parole de Belgacom se fend d'un commentaire lapidaire et assez vague : « Nous avons porté plainte contre des inconnus qui ont dérobé des documents confidentiels pendant une période déterminée et qui les ont remis à KPN Belgium.[2] » En pleine guerre des télécoms, dans un contexte de privatisation et de libéralisation du marché, les opérateurs ne laissent rien passer, tout en prenant garde de demeurer prudents. On ne sait jamais... Chargée de l'affaire, la police judiciaire perquisitionne dans les locaux de KPN Belgium, la filiale de l'opérateur néerlandais, et l'enquête fait apparaître que les personnes mises en cause seraient des transfuges de la division « Corporate » de Belgacom, qui sont passés à la concurrence. Sollicitée par l'un des auteurs qui désirait obtenir davantage d'informations, Belgacom refusera assez curieusement de répondre..., à la différence d'un responsable de la cellule « Competitive Intelligence » de KPN

Orange qui, sans pour autant reconnaître les faits, en minimise la portée. « À la différence du monde industriel lié à des produits, des secrets de fabrication et des techniques propres à chaque entreprise, explique Bernard Leboutte, Competitive Intelligence Manager chez KPN Orange, notre secteur se caractérise par des secrets de Polichinelle pour la simple raison que nous obéissons tous à des normes internationales très strictes. Tout est connu : les prix, les technologies développées et déployées sur le marché, etc. Dans ce contexte, mener des actions d'espionnage de la concurrence revient à prendre un risque majeur alors que 80% des informations sont connues. Pour le reste, les techniques de veille et d'intelligence économique classiques (et légales) suffisent largement. Et quand on est découvert, le risque de voir l'image de marque en pâtir est tel que le jeu n'en vaut pas la chandelle[3]. »

Même l'argument de la guerre des prix que se livrent les opérateurs ne parvient pas à démonter Bernard Leboutte qui, sur le fond, n'a probablement pas tort : la concurrence entre les opérateurs a atteint un tel degré d'intensité, leurs produits diffèrent tellement peu et les prix qu'ils pratiquent sont, dans l'ensemble, tellement comparables que décider de mener de véritables opérations d'espionnage revient à se mettre dans les ennuis jusqu'au cou ! Le concurrent lésé, en face, ne laissera pas passer une telle occasion d'enfoncer l'indélicat. Aussi les opérateurs se *contentent-ils* de pratiquer une veille très active (surveillance des entrées et sorties sur les sites de la concurrence, analyse des frais d'interconnexion, surveillance des plaques minéralogiques, des publications et des sites, etc.). En l'occurrence, KPN Belgium n'a probablement pas demandé ni même incité les cadres de Belgacom à emmener des documents confidentiels. Mais il faut bien constater qu'il ne les a pas refusés non plus...

Le silence fait la force

Si l'on en croit une enquête du Clusib[4] réalisée en 1998 et portant sur quelque 680 entreprises belges, le nombre d'entreprises piratées serait ridiculement bas. Le constat établi par le Clusib, qui relève toutefois quelques points positifs, est édifiant : « Plus de la moitié des entreprises (de l'échantillon) ne disposent même pas d'une personne consacrant 10% de son temps à la sécurité informatique ; 62% d'entre elles n'ont pas défini de procédure écrite spécifiant les responsabilités des utilisateurs de l'informatique en matière de création, de mise à jour et de sécurité des informations ; 63% (des entreprises) n'ont pas établi de règles écrites précisant la protection à donner aux informations sensibles ; 27% (des entreprises) dépendent d'une personne clé, interne ou externe, dont le départ pourrait mettre le système d'information en danger. » Ce rapport, unique en son genre, fait également apparaître que près de 60% des entreprises ont été victimes d'au moins une infection virale au cours des trois dernières années et que seule une dizaine d'entreprises sur les 680 du panel font usage du chiffrement des données sensibles mémorisées. La relative pauvreté des données disponibles en Belgique portant sur le nombre d'attaques informatiques, de cas de malveillance interne ou externe, d'espionnage, de vols de matériel ou d'informations confidentielles et stratégiques trouve principalement son explication dans quatre éléments. Tout d'abord – à la défense des capitaines d'industries – l'élément de preuve dans une affaire d'espionnage bien menée fait souvent défaut. Même dans les cas les plus extrêmes – une technologie propre à une société qui se retrouve sur le marché, dans les mains d'un concurrent –, comment prouver qu'il y a eu espionnage, vol de données ou de documents ? Ensuite, dans leur écrasante majorité, les entreprises estiment respecter un code de déontologie qui leur interdit tout dérapage. Cette attitude louable les induit à penser que le reste de la planète adopte un comportement identique et rend malaisée toute politique de sensibilisation d'une population *a priori* rétive à appréhender ce type de problématique. Et puis, bien qu'elle ne soit pas propre à la Belgique, la loi qui semble largement prévaloir au sein des entreprises est... l'omerta. Une attaque informatique, le vol d'un disque dur ou d'une information stratégique doit être cachée aux médias, au grand public et à la Justice, voire occultée en interne. Dans une brochure consacrée aux risques de fraude au sein des entreprises[5], Ernst & Young Forensic Services et la FEB (Fédération des Entreprises de Belgique) relèvent l'aspect trompeur des statistiques et des études réalisées à ce sujet, seule une partie des cas de fraudes étant réellement signalée et le nombre de cas cachés étant considérable. En cause, selon les auteurs : « La crainte d'une publication négative, de la perception de ceux qui sont confrontés au problème de fraude, et même la gêne de devoir concéder que l'on a fait l'objet d'une escroquerie, entre autres, semblent dissuader bon nombre d'entreprises à signaler la fraude. » En d'autres termes, on préfère laver son linge sale en famille : pas question de « sortir » une information que l'on juge dommageable à l'image de marque de l'entreprise. En cas d'agression, la seule porte de sortie envisagée est le silence radio complet ! « Ce sont des choses dont les entreprises parlent peu », reconnaît l'un des responsables de la FEB[6]. Ce réflexe essentiellement réactif n'autorise évidemment pas, par essence, le développement progressif d'une politique proactive, constructive et informative. Enfin – nous n'insisterons jamais assez sur ce problème – la culture de renseignement, prise dans son sens le plus large, ne fait pas partie du bagage de la majorité des acteurs économiques et politiques belges, comme le démontrent tant l'incompréhension palpable des sociétés face aux démarches entreprises par la Sûreté de l'État[7] que le manque de moyens des services de police compétents pour mener de véritables campagnes de sensibilisation. Créées dans le milieu des années 90 au sein de la Police judiciaire, cinq « Computer Crime Units » (CCU), une par cour d'appel, furent chargées de combattre la criminalité informatique dans deux domaines : la pédophilie sur Internet et le piratage informatique[8]. Réagissant au peu de plaintes reçues par son service, Olivier Bogaert, un jeune inspecteur de la « CCU » bruxelloise aux compétences reconnues par tous, présente une explication à deux volets. « C'est peut-être une question de notoriété… et de manque de personnel, avoue-t-il. Nous travaillons sur trois axes : nos enquêtes propres, l'assistance dans le cadre d'enquêtes de nos collègues et nous assurons en plus le helpdesk de la Brigade ! Impossible, dès lors, de faire, à l'instar de la DST en France, des campagnes de prévention auprès des entreprises ou des administrations[9]. » Si l'on excepte les entreprises proches de la Défense (Sabca, Sonaca, Asco, etc.), accoutumées de longue date aux visites et contrôles effectués par le Service général du Renseignement et de la Sécurité (SGR), qui délivre notamment les clearances et les certificats de sécurité, la plupart des entreprises « civiles » voient – au minimum ! –, d'un autre œil, l'arrivée dans le jeu d'un service secret dont elles ne saisissent pas bien le rôle. Progressivement, pourtant, les mentalités semblent évoluer et le pays se dote d'outils pour combattre les nouveaux types de criminalités, tels que la loi du 28 novembre 2000 relative à la criminalité informatique. Le discours change aussi progressivement. Sur les antennes de la RTBF, on a ainsi pu entendre Jean-Jacques Verdikt, président de l'Union wallonne des Entreprises, affirmer « qu'il fallait absolument sensibiliser les entreprises et les aider à mettre sur pied une politique de défense et de sécurité[10] ».

La Sûreté se lance dans les affaires

Message, enfin, reçu ? Passée pratiquement inaperçue, la loi du 30 novembre 1998 scellait pourtant, pour la première fois d'une histoire longue de près de 170 ans, les missions exactes des deux services de renseignement belges : le SGR et la Sûreté de l'État. Symptomatique du désintérêt patent des instances politiques pour les questions de renseignement, cette absence de loi a pu perdurer pendant plus d'un siècle et demi sans réellement interpeller ni l'Exécutif, ni le Législatif ni l'opinion publique. Si l'on excepte les pourparlers préparatoires au milieu des années 80 entre, d'une part, la Sûreté de l'État et, d'autre part, le directeur général du département de la Recherche scientifique du ministère des Affaires économiques ainsi que des représentants du patronat (la FEB) et qui ne débouchèrent d'ailleurs sur aucun résultat concret, la Belgique, en matière de protection de son économie, s'est de tout temps limitée à une politique que l'on pourrait qualifier de passive. Cette passivité trouve, partiellement, son origine dans la conception libérale qui préside généralement en Belgique et qui, à la grande différence de la France par exemple, incite les gouvernements à réduire leur implication dans la sphère privée. Ne pouvant s'appuyer sur une solide tradition de protection du patrimoine, la mise en œuvre de la loi fut assez laborieuse.

Intéressante à plus d'un titre, cette « loi organique des services de renseignement et de sécurité » confirmait d'une part, les missions traditionnelles des services – contre-espionnage, lutte contre le terrorisme ou les mouvements subversifs, etc. – et, d'autre part, en instaurait de nouvelles, dont la lutte contre la prolifération et la « protection du potentiel économique et scientifique ». En son article 7, la loi organique prévoit en effet que « la Sûreté de l'État a pour missions de rechercher, d'analyser et de traiter le renseignement relatif à toute activité qui menace ou pourrait menacer la sûreté intérieure de l'État et la pérennité de l'ordre démocratique et constitutionnel, la sûreté extérieure de l'État et les relations internationales, ou le potentiel scientifique ou économique du pays ». Et la loi de préciser que, par « potentiel scientifique ou économique », il faut entendre la sauvegarde des éléments essentiels du potentiel scientifique ou économique déterminés par le Comité ministériel du Renseignement et de la Sécurité (C.M.R.S.)[11], contre toute menace d'atteinte grave par des moyens illicites, trompeurs ou clandestins.

Une loi, enfin ! L'accouchement fut difficile, car les différents acteurs – ministère de la Justice, C.M.R.S., services de renseignement, etc. – n'envisageaient pas tous cette mission sous le même angle. Que fallait-il entendre exactement par « potentiel économique et scientifique » ? Comment définir les intérêts nationaux ? Quels critères retenir ? Ne reposant sur aucune expérience antérieure, l'établissement d'une politique cohérente s'assimilait à la quadrature du cercle. Pour le Comité R, il fallait impérativement tenir compte de trois éléments :

– les demandeurs de renseignement sont dans le plupart des cas hors de portée d'une quelconque poursuite judiciaire (ex : un gouvernement étranger ou une entreprise dont le siège est à l'étranger) ;

– les fournisseurs d'informations qui ne sont pas accessibles à tout un chacun sont difficilement identifiables ;

– les intermédiaires sont des professionnels formés dans l'art de la négociation et de la manipulation (hommes d'affaires ou membres d'un service de renseignement étranger).

Dans la foulée, la Sûreté de l'État, dans une note du 5 février 1998, formulait plusieurs propositions. Selon le service de renseignement, il convenait entre autres de faire l'inventaire des secteurs susceptibles d'être visés :

- les entreprises qui ont un intérêt économique ou technologique particulier ou qui sont vitales pour l'emploi ou les besoins de base de la population ;
- les instituts de recherche scientifique, les laboratoires importants tant privés que publics, les universités et certaines écoles supérieures, les départements responsables pour les sciences et l'économie.

Il fallait également déterminer et enquêter sur les menaces et leurs origines par des contacts avec les secteurs visés, sensibiliser les institutions économiques et scientifiques aux mesures de sécurité à prendre, analyser la menace et proposer des mesures aux autorités, prévenir le gouvernement lorsque les règles du jeu propre à l'économie sont délibérément faussées au détriment des intérêts belges, etc. Pour accomplir sa nouvelle mission, la Sûreté réclamait l'adjonction d'une trentaine de personnes pour les services administratifs et d'une cinquantaine pour les services extérieurs.

Plus tard, la Sûreté – qui était entrée dans la lutte contre l'espionnage économique par la porte du contre-espionnage – affinait son appréciation des menaces et de leurs origines, que l'on pourrait résumer ainsi : les activités clandestines de gouvernements étrangers ou d'entreprises étrangères, susceptibles de nuire aux intérêts économiques de la Belgique, et les groupements idéologiques, sectaires, terroristes ou criminels qui ont pour but la déstabilisation du pays. Et d'épingler les différents modes d'agression auxquels il conviendra de s'attendre : le sabotage et les malveillances organisés par des groupes de type mafieux, les manipulations ou la prédation par l'information via des commanditaires étrangers ou des brokers d'informations.

Pâtissant, au printemps 99, du départ de son administrateur général, Bart Van Lijsebeth, et de la durée étonnamment longue de la période de vacance de ce poste, la Sûreté de l'État a été secouée par une série de mutations contestées ainsi qu'une indéniable dégradation de l'ambiance. La nomination de l'ancienne administratrice adjointe, Godelieve Timmermans, pourtant contestée tant dans certains milieux politiques qu'au sein même du service, au poste d'administrateur général, remettait l'église au milieu du village. Comme souvent en pareilles circonstances, cette nomination s'est accompagnée de quelques mutations et de changements d'affectations. Ainsi, le commissaire qui s'était occupé du dossier « protection du potentiel économique et scientifique » pendant de longs mois fut-il muté à un autre poste. Sans y discerner une volonté de sabotage, il est difficile de ne pas y voir, à tout le moins, une absence de continuité dans l'action. Quant à la cinquantaine d'inspecteurs demandés pour cette nouvelle mission, on voit mal comment, en dépit de cette régularisation et des nouveaux moyens qui lui ont été fournis, le service belge pourrait répondre efficacement à la menace de l'espionnage économique. Consciente de ses limites, la Sûreté de l'État se contentera donc d'exercer une fonction essentiellement préventive, notamment par le biais d'actions de sensibilisation ou de renseignement.

Dans une interview accordée au quotidien flamand « De Financieel Economische Tijd », le 9 octobre 1999, l'ancien administrateur général de la Sûreté de l'État, Bart Van Lijsebeth, évoquait l'espionnage économique, qu'il qualifiait, sans doute à juste titre, de « guerre oubliée ». Et l'actuel Procureur du Roi d'Anvers de prôner des actions plus proactives. Mais la réponse timide apportée tant par les instances politiques que par les deux services de renseignement aux révélations des médias sur l'existence – connue de longue date par les spécialistes – du réseau Échelon, ne laisse probablement pas augurer de changements fondamentaux de l'état d'esprit qui prévaut en Belgique. Si l'on excepte quelques interpellations parlementaires émanant essentiellement de représentants écolos, l'annonce d'un réseau d'interception des communications n'a pas eu beaucoup de résonance, loin s'en faut. Quant aux services, ils se sont bornés à répondre aux instances qui les interrogeaient qu'ils ne disposaient pas des moyens suffisants pour le contrer, avant de mettre en garde le gouvernement contre la sécurité insuffisante des réseaux informatiques officiels. Mais s'agit-il, réellement, de moyens insuffisants ou, plutôt, de... volonté insuffisante ? Sans doute, un peu des deux... Depuis novembre 1998 donc, la loi sur la protection du potentiel économique et scientifique est toujours dans les starting blocs, dans l'attente de ce que l'on pourrait appeler des arrêtés d'exécution, la Sûreté, le ministre de la Justice et le C.M.R.S. se renvoyant la balle... et les notes à la tête. Une agaçante partie de ping-pong qui ralentit encore le long processus de mise en marche de cette politique. Dans son dernier rapport, le Comité R recommande instamment que le C.M.R.S. fournisse au service secret civil les indispensables directives définissant de façon précise et univoque le potentiel scientifique et économique à protéger et que soient accordés à la Sûreté les moyens humains supplémentaires qu'elle demande. Il est grand temps...

La Sûreté de l'État on line ? Un bien étrange canular

Qu'ils répondent à un effet de mode ou à un besoin de « visibilité », les services de renseignement ou services action sont de plus en plus présents sur la toile. Si certains commencent seulement à se présenter sur le Net, les grandes agences ont développé leur site depuis plusieurs années déjà. On songe bien entendu à la CIA (*www.cia.gov*), au FBI (*www.fbi.gov*), au GIGN, au SCIR canadien ou aux différents services anglais (MI6, MI5, SAS, etc.). Certains, telle la DGSE, (services français de renseignement) s'y refusent catégoriquement arguant qu'un service secret doit, par essence, demeurer... secret. Ce qui n'a d'ailleurs pas empêché l'éclosion d'un site non officiel (*www.dgse.org*) qui reprend les missions, les réussites et les échecs de cette Maison. D'autres, tels que la CIA, ne cachent pas tenter, par ce biais, d'encourager les recrutements.

Alors, passée complètement inaperçue par le grand public et les médias, l'apparition sur le Net, dans le courant de 1999, d'un site dédié à la Sûreté de l'État belge ? Initiative du service belge destinée à sortir de l'anonymat ? Nouvelle politique d'ouverture ? Absolument pas. Il s'agit ni plus ni moins d'un site non officiel. Le hic, c'est qu'à la différence du site consacré à la DGSE par exemple, qui n'occulte à aucun moment son caractère non officiel, celui-ci se présente comme le site officiel de la Sûreté de l'État belge ? Il y a donc, clairement, tromperie sur la marchandise. Calqué sur le modèle du site canadien du SCIR, officiel lui, et hébergé par le provider français Multimania, l'auteur du site épingle les grandes missions de la Sûreté et aborde plusieurs thèmes : sécurité économique, espionnage économique, programmes de liaison et de sensibilisation, opérations informatiques, activités criminelles et tendances du terrorisme. Ouvrant sur un retentissant « Bienvenue sur le site Internet de la Sûreté de l'État », l'auteur a clairement donné une orientation économique à son site. En dépit de plusieurs erreurs formelles et de fond, ce site se veut professionnel (mise à jour, utilisation de termes précis, etc.). Sur un plan officiel, la Sûreté a manifestement tardé à prendre des mesures coercitives pour interdire le site. Pourtant, fin décembre 2000, le site n'était plus accessible ! Que s'est-il donc passé ? La Sûreté s'est enfin résignée à porter plainte au parquet ; le substitut en charge de l'affaire envoya une commission rogatoire à Paris et une descente fut organisée dans les bureaux du provider Multimania. Quelques semaines plus tard, le site pirate était définitivement fermé. À ce jour, selon toute vraisemblance, l'auteur du site n'a toujours pas été identifié. S'agissait-il d'un petit malin qui cherchait purement et simplement à s'amuser ? Au vu du nombre de pages (plus d'une centaine) et de l'orientation du site, on est saisi par le doute. Faut-il, dès lors, plutôt s'orienter vers une opération plus structurée d'un service concurrent... ou ami ? Dans ce cas, quels objectifs visait-il ?

Les entreprises

Les premiers contacts entre les entreprises et la Sûreté de l'État datent de 1986. En Italie, en France et en Allemagne, les Brigades Rouges, Action Directe et la Rote Armee Fraktion s'attaquent aux représentants du patronat ; les intérêts économiques sont, pour la première fois, la cible d'un terrorisme d'extrême gauche qui s'en prend aux manifestations les plus évidentes du grand capitalisme. En Belgique, leurs petits frères, les CCC (Cellules Communistes Combattantes) marchent sur leurs pas : le 1er mai 1985, Carette et consorts placent une bombe dans une camionnette Toyota devant les bâtiments de la Fédération des Entreprises de Belgique (FEB), située rue des Sols. L'attentat cause la mort de deux pompiers. C'est dans ce climat tendu, mais propice à une sensibilisation du monde économique, qu'une poignée d'industriels assistent à une conférence donnée par des représentants de la Sûreté de l'État. L'expérience ne sera toutefois pas répétée. Il faudra attendre 1994, sous l'impulsion des experts en sécurité de plusieurs secteurs industriels représentés au sein de la FEB, l'équivalent belge du Medef, pour que se mette en place une plate-forme permanente de concertation pour la protection des entreprises (PCPE). « Sur la base du travail de la PCPE, la FEB a adressé en juillet 1995 au Premier ministre un memorandum plaidant en faveur d'une collaboration constructive entre les pouvoirs publics et les entreprises, dans tous les domaines touchant la problématique de la protection des entreprises[12] », lequel fut actualisé cinq ans plus tard. Pour la FEB, l'espionnage économique commençait à être érigé au rang de préoccupations majeures. De nouvelles rencontres sont organisées entre les entreprises, d'une part, et des représentants des services publics (gendarmerie, SGR, Sûreté de l'État, magistrats, etc.), d'autre part.

En dépit des appels, de part et d'autre, à une redynamisation de la concertation et de nombreuses propositions, ces quelques briefings n'ont à ce jour débouché sur rien de vraiment concret. Présenté en juin 2000, le plan de sécurité du gouvernement fédéral prévoyait, entre autres, la création d'un groupe de travail mixte chargé de la criminalité économique. Mais, encore une fois, les différents intervenants pratiquent ce qui semble être devenu le sport national : le renvoi de la balle dans l'autre camp. « Dans le cadre de ce plan fédéral de sécurité, explique l'un des responsables de la FEB, nous attendons toujours la concrétisation du groupe de travail et le feu vert du ministre de la Justice pour créer un groupe mixte «privé-Sûreté de l'État[13] ». Commentant la lenteur avec laquelle se met en place une politique structurée en matière de sécurité et de collaboration multilatérale, un des responsables de la Fedichem, la puissante fédération des industries chimiques, ne peut réprimer un sentiment pour le moins mitigé : « En matière de sécurité, la Belgique ne fait pas preuve de beaucoup de cohérence et l'on cherche souvent la petite bête au détriment de l'efficacité. De toute façon, en matière d'espionnage, la grande partie de l'iceberg demeure toujours immergée… »

La FEB sur les autoroutes... du 19e siècle !

Dans les années 90, la Sûreté avait, d'initiative, repris langue avec les entreprises, par le biais de la Fédération des Entreprises de Belgique (FEB). Cette fois, il s'agissait essentiellement d'entretenir les chefs d'entreprise des risques liés à l'entrisme de certaines sectes nuisibles. Une opération de sensibilisation et de présentation mutuelle qui permettait, de part et d'autre, de mieux se connaître et qui, sans être un échec, se termina sans donner de résultat concret. C'est donc au terme de l'une de ces réunions, entre deux zakouski, que le représentant de la Sûreté, qui venait de discourir sur le danger des sectes, s'entendit demander, de façon tout à fait informelle, « si la Sûreté ne pourrait pas fournir régulièrement des informations... sur les syndicalistes qui occupent des postes importants dans certaines entreprises et sur l'activité syndicale au sein des entreprises ! » Quelque peu troublé, le représentant de la Sûreté peina à reprendre une contenance, promit de répercuter cette demande et l'affaire en resta là. Quelques années plus tard, la Sûreté est officiellement chargée par la loi du 28 novembre 1998 de protéger le potentiel économique et scientifique belge. C'est dans ce cadre qu'elle reprend contact avec la FEB armée, cette fois, d'une mission claire et précise. Les réunions se succèdent à nouveau et, encore une fois, entre la poire et le fromage, le nouveau représentant du service secret se voit demander « d'examiner dans quelle mesure son service ne pourrait pas fournir des informations circonstanciées sur les représentants du courant antimondialiste », du type d'Attac. Venue se présenter officiellement, préciser le cadre exact de sa mission et percevoir les besoins des entreprises en matière d'espionnage et de protection de leur patrimoine, la Sûreté a été légèrement refroidie par cette vision difficilement plus minimaliste de nos principaux acteurs économiques. À l'aube du 21e siècle, serait-on revenu deux siècles plus tôt, du temps où les syndicats représentaient la menace majeure des capitaines d'industrie ? Au Comité R, les membres de la PCPE avaient pourtant indiqué que « les entreprises souhaitaient être sensibilisées par la Sûreté de l'État sur les risques potentiels qu'elles encourent de manière régulière[14] ». À interlocuteurs différents, discours différents ?

Universités : journées portes ouvertes !

Les universités belges sont-elles conscientes des risques et des pertes potentielles qu'elles encourent, tant en matière de savoir que d'emplois ou de fonds investis ? Intrusions informatiques régulières, vols d'informations, étudiants indélicats : les universités sont-elles suffisamment protégées ? La réalité des faits nous contraint à répondre à ces questions par la négative. Très bien cotées dans de nombreux domaines, nos universités développent chaque année des technologies de pointe, multiplient les découvertes en génétique, en biotechnologie ou en mathématique et déposent de nombreux brevets. Il n'empêche, elles pêchent bien souvent par excès de confiance... ou de naïveté, dans un environnement devenu extrêmement compétitif et dont elles ne dominent – et c'est normal – que certains aspects. Jusqu'il y a peu, par exemple, la totalité du trafic des e-mails universitaires passait systématiquement par les États Unis ! Plus inquiétant : l'augmentation des cas d'infection des PC des centres universitaires. Depuis octobre 2000, en effet, plusieurs d'entre elles ont dû faire face à des attaques virales qui les ont bloquées durant plusieurs jours[15]. Deux mois plus tard, c'est au tour du Centre d'Analyse des Résidus des Traces (C.A.R.T.) d'être contaminé par le virus « Navidad », puis aux universités de Louvain-la-Neuve (UCL) et de Liège (Ulg) qui mirent trois jours à se dépêtrer des deux virus « Emmanuel » et « Navidad ». Ceux-ci s'étaient attaqué aux mailing-lists, avant de se propager à tout le système.

Des cas parmi d'autres ? Sans doute. À l'instar de beaucoup d'entreprises, les universités belges pâtissent d'un manque cruel d'une politique de sécurité informatique cohérente : dans ce domaine, c'est un peu « journée portes ouvertes... toute l'année ». Ainsi, lors de l'attaque massive perpétrée contre Yahoo, les pirates informatiques – à ce jour non identifiés – ont-ils su intelligemment exploiter les failles des réseaux informatiques, entre autres, des centres universitaires belges, insuffisamment protégés ! Leur objectif consistait à envoyer des millions de messages vers le site visé afin de le saturer complètement et de le rendre inopérant. Pour cela, ils ont créé un réseau mondial extrêmement puissant constitué de milliers d'ordinateurs disséminés dans le monde, inféodés et interconnectés. Une technique simple, mais efficace. Les ordinateurs mis à la disposition des étudiants dans les différents centres universitaires belges ont ainsi participé, à leur insu, à cette attaque mondiale, dont l'impact et les conséquences ont d'ailleurs fait réagir jusqu'au président américain, Bill Clinton. Ce type d'attaques ne laisse pas d'inquiéter les spécialistes, qui ont compris que la puissance du réseau mis en place à cette occasion était telle qu'elle pourrait préfigurer une agression de bien plus grande ampleur encore, voire un essai grandeur nature de guerre électronique ! D'aucuns estiment en effet que les instigateurs de cette agression d'envergure, mais limitée dans ses effets, auraient pu bloquer un pays tout entier. D'où l'inquiétude non feinte manifestée à cette occasion par plusieurs chefs d'État, dont le président américain.

Liège dans les étoiles

Bien que toutes les universités couvrent en général un tronc commun de disciplines (biologie, chimie, physique, histoire de l'art, etc.), elles développent souvent, indépendamment les unes des autres des compétences et un know-how propres dans des domaines particuliers et, souvent, très pointus. À l'origine de ces particularités, un professeur de renommée internationale, un laboratoire particulièrement performant, une décision du rectorat, etc. Depuis plusieurs années, à Liège, l'Alma Mater a les yeux définitivement tournés vers les étoiles et l'espace ! Fort du soutien actif de l'Agence spatiale européenne (ESA), le Centre spatial de Liège (CSL) s'est véritablement spécialisé dans les systèmes optoélectroniques pour l'espace et les essais dans des simulateurs d'ambiance spatiale[16]. De la technologie de haut vol. Autour du CSL, s'est progressivement développée une noria d'initiatives passionnantes : création du Wallonia Space Logistics (WSL) au sein de ce qu'il est aujourd'hui convenu d'appeler le « spatiopôle » liégeois, qui contribue au maternage de nouvelles entreprises de haute technologie[17], créations de spin-offs, etc. En quelques années, ont ainsi éclos des sociétés comme Spacebel, active dans l'ingénierie informatique pour la technologie spatiale ; Amos qui développe des systèmes opto-mécaniques de haute précision ou encore Samcef. Dans une interview accordée au mensuel de l'ULg, la toulousaine Florence Ghiron, qui dirige depuis septembre 2000 le WSL, se félicite du développement de ce pôle d'excellence. « En étant au cœur d'un réseau d'experts techniques, de conseillers financiers, d'agents commerciaux et de consultants spécialisés, nous avons pour objectif de donner au développement d'entreprises toutes les chances de succès. » Bref, une pépinière de talents au service d'un seul objectif – le développement du secteur spatial européen – et une place de choix dans le landernau très sélect des techniciens de l'espace…

Quand les ordinateurs se mettent en marche… tout seuls !

C'est dans ce cadre que le CSL conclut, dans le courant de l'année 1999, un contrat avec l'Inde portant sur la livraison de deux cuves sous vide destinées à l'expérimentation. C'est à ce moment précis que le CSL est la cible de plusieurs tentatives d'intrusion dans son système informatique. Les responsables du réseau mènent leur enquête et situent l'origine des attaques en Allemagne, puis aux États-Unis. Manquant de temps et de moyens techniques, ils ne peuvent cependant remonter la piste et abandonnent la « poursuite ». Dans toute opération de piratage informatique, l'objectif des agresseurs est évidemment de brouiller au maximum les pistes et de laisser le moins de traces possibles sur le réseau, notamment en multipliant les routers ou en utilisant des adresses IP. Pour les responsables de la sécurité ou les « cyber-flics », la difficulté consiste à débroussailler le terrain et à remonter jusqu'au coupable, fut-il caché derrière de fausses adresses ou situé à l'autre bout du monde. C'est ainsi que procèdent régulièrement des services tels que le FBI ou la DST, dont les petits génies en informatique – certains furent parfois eux-mêmes des *hackers* avant de passer de l'autre côté de la barrière – arrêtent les pirates du Net. Dans le cas qui nous occupe, le CSL fut incapable de remonter la piste. Mais l'histoire n'est pas terminée. Un peu plus tard, une effraction fut commise dans les bâtiments du Centre, au cours de laquelle les voleurs dérobèrent un ordinateur dont la mémoire contenait la matrice de tous les codes des utilisateurs. Quelques jours plus tard, rebelote : cette fois, c'est un clavier d'ordinateur qui est volé. A-t-on voulu effacer d'éventuelles empreintes laissées sur place lors de la première intrusion ? Comment fallait-il interpréter ces intrusions et ces différents vols ? S'agissait-il tout simplement d'un étudiant qui aurait profité d'une fenêtre imprudemment laissée ouverte ou fallait-il y voir un lien avec le contrat signé peu avant par le CSL ? Selon le Comité R, qui a interrogé le directeur et le responsable informatique, « ce contrat avait été obtenu après que le gouvernement des États-Unis eut interdit à une firme américaine d'exporter ce même type de matériel pour des raisons de non prolifération ». Et d'ajouter que « selon le directeur (nda : du CSL), ce ne seraient pas les données technologiques du Centre qui auraient été la cible de ces intrusions, car celles-ci sont disponibles dans la littérature scientifique et il n'est donc pas nécessaire de recourir à l'espionnage pour se les procurer. Selon lui, son Centre ne détient en effet aucune information sensible de haute technologie. Ce seraient plutôt les données commerciales du marché conclu avec le pays étranger qui auraient été visées. » À nouveau, on est frappé par l'étonnante naïveté des scientifiques qui imaginent difficilement que l'on puisse mener des actions offensives contre un « Centre qui ne détient aucune information sensible de haute technologie ». Judicieusement, le Comité R souligne d'ailleurs que « néanmoins, il a estimé que le Centre en question pouvait être une cible intéressante non seulement pour l'espionnage économique et/ou technologique, mais également pour l'espionnage militaire puisqu'il est apparu au cours de l'entretien que ce Centre devait prochainement tester du matériel militaire ».

Fin de l'histoire ? Nullement. En effet, suite aux nombreuses attaques informatiques menées contre le CSL, les responsables de la sécurité informatique décident de mener un petit test : de nuit, ils éteignent la totalité des ordinateurs du Centre.

Les salles et les laboratoires sont noirs ; les écrans éteints quand, subitement, au bout de quelques minutes, une série de postes se remettent en marche... tout seuls ! En clair, les pages de sauvegarde de ces postes, qui avaient probablement été infectés, se réactivaient d'elles-mêmes et allaient se reconnecter à leur site d'origine, rendant *ipso facto* inopérants les firewalls et autres systèmes anti-intrusion puisque les attaques ne provenaient pas de l'extérieur... mais de l'intérieur même du système. L'enquête devrait faire apparaître ultérieurement s'il y a eu des complicités internes.

Tirer les leçons

Quels enseignements peut-on tirer de ces événements ? Qu'ils sont inquiétants ? Bien sûr. Que l'infrastructure informatique et, partant, la politique de sécurité de l'université dans son ensemble offrent des failles susceptibles d'être exploitées par des esprits mal intentionnés ? Évidemment. En revanche, il est inutile de dramatiser la situation et de diaboliser cette université en particulier : elle n'est ni plus ni moins bien lotie que les autres. Il est à parier que toutes les universités du pays souffrent des mêmes maux et que leur politique de sécurité présente des failles identiques. En revanche, nous croyons en la valeur de l'exemple et dans les aspects néfastes de la politique du silence qu'on se plaît à perpétuer ; c'est la raison pour laquelle il nous semble indispensable de briser cette satanée loi de l'omerta qui prévaut tant dans les sphères économiques que dans les milieux scientifiques et académiques. Ce n'est pas en gardant secret des rapports alarmistes sur la qualité des réseaux informatiques que l'on arrivera un jour à modifier les mentalités et à instaurer un climat propice à la collaboration entre les différents intervenants de la sécurité.

Le cryptage dans les entreprises ? Un vœu pieux

Dans leur guide sur les fraudes en entreprises, la FEB et Ernst & Young Forensic Services[18] préconisent, du bout des lèvres, le cryptage des informations et des communications sensibles. Il est clair que cette gamme de précautions ne s'adresse pas à l'ensemble des entreprises : seules celles qui officient sur des marchés extrêmement concurrentiels, communiquent régulièrement avec des filiales situées à l'étranger, mènent des négociations tendues ou recourent, de façon systématique, aux video-conférences, devraient utiliser ce système de protection performant. En dépit de cette restriction, on est loin du compte en Belgique, tant les entreprises négligent souvent la sécurité de leurs communications... à l'inverse de groupes, tels que Motorola ou Caterpillar, qui ont intégré de longue date le cryptage de leurs communications dans leur politique de sécurité. On a même entendu des responsables économiques plaider pour le cryptage, mais ignorant manifestement de quoi ils parlaient ! Sans être obnubilé par Echelon ou d'éventuelles autres Grandes Oreilles, le risque de voir ses communications interceptées est loin – très loin même – d'être négligeable. Souvent invoquées, la méconnaissance des techniques disponibles sur le marché, la minimisation des enjeux et les réticences quant aux frais inhérents à l'installation d'une politique de cryptage expliquent le taux extrêmement faible d'utilisation du cryptage en Belgique. « Les gens ne se protègent pas pour deux raisons, explique Olivier Bogaert : une certaine méconnaissance des dangers et un besoin de vitesse, qui n'autorise pas la lenteur d'un processus de cryptage, par exemple. Jamais on n'a vu une technologie devenir aussi indispensable à la vie des gens ! L'Internet répond, aujourd'hui, au besoin de communiquer, à la soif de découvertes et d'informations, etc. Et si Internet va vite, se protéger prend du temps. La vitesse contre la sécurité ![19] »

Δ

1. De Morgen, 15 janvier 2001
2. La Libre Belgique, 15 janvier 2001.
3. Entretien avec l'un des auteurs, le 13 février 2001.
4. Le Club de la sécurité informatique belge (Clusib) dépend de la FEB.
5. *Maîtrise du risque de fraude*, publication conjointe de la FEB et de Ernst & Young Forensic Services, mai 2001.
6. Entretien avec l'un des auteurs, 07 mai 2001.
7. Lors de la toute première « sortie » officielle de la Sûreté de l'État à l'occasion d'un colloque consacré au Knowledge Management, le 25 avril 2000 dans une salle du «Diamond Building » à Bruxelles, les réactions des participants à l'allocution du responsable de la Sûreté venu présenter son service et ses missions, témoignèrent de cette incompréhension. Au sortir de l'auditoire et dans les semaines qui suivirent, les représentants des entreprises affirmèrent n'avoir pas compris la démarche ni la présence d'un service de renseignement à cette conférence.
8. Depuis la réforme des polices, la CCU de la Police judiciaire s'est transformée en « Federal Computer Crime Unit », qui fait partie de la Direction de la lutte contre la criminalité économique et financière de la DGPJ.

9. Moser, Frédéric, *La chasse aux pirates est ouverte*, *in* Inside Internet, avril 1999. Précisons que ce service a été incorporé à la nouvelle Police fédérale.

10. ECO, émission économique de la RTBF, 10 mai 2001.

11. Le C.M.R.S. se compose du Premier ministre, du vice-Premier ministre et ministre du Budget, de l'Intégration sociale et de l'Économie sociale, ainsi que des ministres des Affaires étrangères, de l'Intérieur, de la Défense et de la Justice.

12. Rapport d'activités 1998 du Comité permanent de contrôle des services de renseignement.

13. Entretien avec l'un des auteurs, 7 mai 2001.

14. Rapport 1998 du Comité R.

15. *Quand les virus attaquent*, *in* Le Quinzième jour du mois (mensuel de l'Université de Liège), n°101, 13 février au 13 mars 2001.

16. Bien que l'Ulg ait bâti sa réputation sur l'espace, elle n'est évidemment pas la seule à développer des compétences dans ce domaine. Ainsi, à l'Université libre de Bruxelles (ULB), s'est également développée – notamment sous l'impulsion du professeur Jean-Claude Legros qui dirige le Microgravity Research Center (MRC) –, une série de petites sociétés qui collaborent elles aussi avec l'Agence spatiale européenne.

17. *Incubateur high-tech*, *in* Le Quinzième jour du mois (mensuel de l'université de Liège), n°103, 25 avril au 22 mai 2001.

18. *Maîtrise du risque de fraude*, op. cit.

19. Moser, Frédéric, *Pirater les pirates, Protéger la mémoire de l'entreprise*, *in* Trends-tendances, 19 août 1999.

Sites Internet

Comité R	www.comiteri.be
Confidentiel Défense	www.confidentiel-defense
Cryptome	http ://cryptome.org
CSIS	www.csis.scrs.gc.ca
DGSE	www.dgse.org
École de guerre économique	www.ege.eslsca.fr
FBI	www.fbi.gov/homepage.htm
Geoscopie	www.geoscopie.com
Infoguerre	www.infoguerre.com
Infowar	www.infowar.com
Inteldebriefing	www.intelbriefing.com
Intelligence Online	www.intelligenceonline.fr
Intelweb	http ://intelweb.janes.com
Loyola	www.loyola.edu/dept/politics/intel.html
MI5	www.mi5.gov.uk
NSA	www.nsa.gov
OCDI	www.odci.gov/cia
Parascope	www.parascope.com
Statewatch	www.statewatch.org
Strategic Road	www.strategic-road.com
Stratfor	www.stratfor.com
Stratisc	www.stratisc.org
Veille	www.veille.com

TROISIÈME PARTIE : Se protéger

Un secret entre deux personnes ne peut être conservé que lorsque l'une des deux au moins est morte.

JOHN NOLAN

– 9 –
Les attaques

Sécurité de l'information

Entrée libre ?

Comme d'habitude, cela n'arrive qu'aux autres ... Pourtant, même si victimes et auteurs sont relativement discrets sur les actes d'espionnage pour des raisons évidentes, cela n'en reste pas moins une réalité. Amazon, e-Bay, CNN, ZDNet et ... Microsoft furent les dernières victimes connues de pratiques illégales d'intrusion dans leur système informatique. Et elles ne sont pas seules : selon le FBI, pas moins de 57 pays mènent par exemple des opérations de renseignement contre les entreprises implantées dans la Silicon Valley.

Il est vrai que certains profitent du vide juridique qui existait jusqu'ici, mais ce dernier tend peu à peu à se combler depuis quelques années. Il s'agit le plus souvent d'élargir la notion d'espionnage aux secteurs industriels et commerciaux et d'envisager les nouvelles formes comme la cybercriminalité.

L'« Economic Espionage Act », adopté par l'Administration Clinton en 1996, visait à actualiser une législation obsolète qui se limitait à considérer comme crime le vol de secrets commerciaux par des agents fédéraux (Trade Secrets Act – 1948). Le « secret commercial » y est désormais entendu comme « toute forme ou tout type d'information financière, économique, scientifique, technique ou technologique, y compris les dessins, plans, procédures, formules, appareils, designs, prototypes, méthodes, techniques, programmes ou codes, tangibles ou intangibles, quelle que soit la manière de stockage, compilation ou mémorisation, physiquement, électroniquement, graphiquement, par photographie ou par écrit :

– pour autant que le propriétaire ait pris des mesures raisonnables pour garder l'information secrète et

– qu'il y ait une raison économique, réelle ou potentielle, pour que cette information elle-même ne soit pas connue du public.

Néanmoins, si la législation évolue, les techniques de renseignement et les manières de contourner la loi aussi.

Les principaux risques techniques

Le risque informatique est celui qui vient en premier à l'esprit. Et les principaux dangers techniques sont multiples :

La pénétration du réseau informatique (*hacking*)

La plupart des pirates informatiques sont loin d'être les « petits génies » décrits par une littérature complaisante[1]. Leurs méthodes sont classiques. La plus utilisée commence par la récupération d'un couple *login-password* leur permettant de se connecter au système comme simple utilisateur. Ce premier pas franchi, le reste n'est souvent plus que jeu d'enfant !

Il y a en effet sur l'Internet tout ce qu'il faut (programmes, modes d'emploi détaillés, description des méthodes, etc.), pour lui permettre, une fois un compte utilisateur volé, d'acquérir les droits de l'administrateur en quelques minutes !

Quelles sont les méthodes utilisées pour découvrir un couple « nom – mot de passe » ?

- La première et la plus banale est la recherche des comptes sans mots de passe (guests, visitors...) qui sont installés, par défaut, sur certaines machines. Des programmes de balayage automatique de sites (les scans) permettent de trouver ces comptes.

- Il y aussi les méthodes opportunistes dans lesquelles l'agresseur cherche à tirer profit d'une circonstance favorable :
  – le mot de passe a été prêté,
  – le mot de passe a été trouvé (par hasard ou non) sur un autocollant sous le clavier, dans le tiroir d'un bureau, dans un agenda, ou bien repéré à la dérobée au moment de la frappe,
  – le mot de passe a pu être deviné grâce aux informations recueillies sur un utilisateur.

- Il y a enfin les méthodes systématiques dans lesquelles l'agresseur commence par la récupération du fichier des mots de passe chiffrés qui, par défaut, est accessible à tous sur les machines Unix. Une fois ce vol accompli, le pirate a tout son temps pour rechercher sur son PC, tranquillement chez lui, les mots de passe faibles du fichier.

Avec CRACK, le programme bien connu des initiés, un mot de passe tiré d'un dictionnaire (il y en a de toutes sortes qu'on peut télécharger à partir de l'Internet en différentes langues et sur différents thèmes), ou d'une composition proche d'un mot du dictionnaire, ne résiste pas très longtemps.

Le bombardement de paquets d'informations pour paralyser le site

- ICMP Flood

La clé de cette attaque est d'avoir une connexion plus rapide que la cible. La machine cible saturée par la multitude de paquets d'informations ne peut plus répondre aux demandes de connexion car l'ensemble de la bande passante est utilisée. Cette attaque peut être contrée par l'utilisation d'un firewall configuré pour bloquer ces paquets.

- Smurf

Le smurf consiste à envoyer plein de paquets vers des serveurs « broadcasts » avec une fausse adresse source. Ces ordinateurs, croyant recevoir l'information de la machine victime, vont alors répondre à celle-ci par une masse considérable de données. La machine victime submergée de paquets va alors planter tout simplement !

Le smurf est donc une attaque ICMP Flood sauf qu'ici avec un seul paquet, vous créez une masse extrêmement importante de données en réponse et vous profitez de la bande passante des « broadcasts » !

C'est ce type d'attaque qui a permis de faire planter Yahoo, CNN, e-bay, etc. Cette attaque a été réalisée grâce à Tribal Flood Network. Ce petit programme permet de créer des serveurs de « trojan » qui vont effectuer, sur chacun des serveurs sur lesquels ils sont implantés, l'opération décrite plus haut. Ainsi, au plus fort de l'attaque, CNN a reçu quelque 1Gb par seconde !

Normalement le smurf ne peut pas être pisté car il n'y a aucune adresse IP ou renseignement de votre machine que vous envoyez avec les paquets d'informations.

- SPAM – Relais de messagerie

Cela consiste à utiliser le serveur de messagerie d'un site pour envoyer des messages souvent publicitaires à un grand nombre de destinataires, en cachant son identité. Ce site sert alors de « relais » sans avoir donné son accord et son nom apparaît dans l'origine des messages. Cette attaque bloque la messagerie du site utilisé à son insu (surcharge des files d'attente dans le serveur) et nuit à l'image de marque (cela engendre des centaines de messages de protestation des victimes de ces publicités).

Cette utilisation détournée est en très forte hausse ces derniers temps. Peut-être ce succès est-il dû à sa facilité de mise en œuvre et à l'anonymat qu'elle assure.

La guerre numérique et bactériologique

• Les vers (*worm*)

Un ver est un programme qui possède la faculté de s'auto-reproduire et de se déplacer au travers d'un réseau. Il se déplace de manière autonome en exploitant des mécanismes système ou réseau. Un ver est un virus réseau.

• Les bombes logiques

Les bombes logiques sont des lignes de codes programmés, insidieux et cachés dans des programmes, avec un mode de déclenchement différé. Ce mode exploite principalement des informations comme la date système, le lancement d'une procédure, l'entrée d'une chaîne de caractères.

• Les logiciels espions (*spyware*)

Cette technique consiste à augmenter les logiciels à installer d'un petit programme qui renverra automatiquement de l'information provenant de la machine de l'utilisateur vers l'indiscret. Récemment la société Mattel[2] a dû avouer avoir eu recours à cette technique sur plusieurs CD-Roms destinés aux enfants. Un bug l'a trahie…

• Les chevaux de Troie (*trojan*)

Les chevaux de Troie se présentent généralement sous la forme de programmes à caractère utilitaire ou ludique. Ces programmes comportent, en plus des fonctions déclarées, un mécanisme caché qui s'exécute de façon illicite en parallèle des actions connues de l'utilisateur. Par exemple, un cheval de Troie, en plus de ses fonctions normales, enverra des informations à un pirate ou créera dans le système une entrée secrète qui permet d'entrer sur le système en mode administrateur, sans mot de passe.

• Les virus

Pour la plupart des utilisateurs, un virus est un programme qui, à leur insu, exerce une action nuisible sur son environnement : modification ou destruction des fichiers, effacement du disque dur, allongement des temps de traitement, manifestations visuelles ou sonores plus ou moins inquiétantes, etc.

Cette action peut être continue, sporadique, périodique, ou n'avoir lieu qu'à une date précise ou selon la conjonction d'événements extérieurs fortuits. Le virus Michelangelo, par exemple, ne se déclenche que le 6 mars. Mais on sait moins que les virus peuvent aussi servir à crocheter les systèmes les plus secrets en créant des vulnérabilités « cachées » qu'un autre processus exploitera ultérieurement. Ces virus ont pour mission de se disséminer afin de propager ces vulnérabilités et de « marquer » les systèmes atteints pour qu'ils puissent être détectés par des programmes de balayage de l'Internet. Ils doivent rester le plus silencieux possible pour ne pas se faire repérer. Contrairement aux autres virus, ils ne perturbent pas le système et ne détruisent pas de données. Ces virus-là sont les plus dangereux, même s'ils paraissent ne pas gêner. Sur une machine ainsi contaminée, votre système d'information est un livre ouvert. Il n'est plus question alors de parler de sécurité ! On admet généralement qu'il existe deux classes principales de virus : les infecteurs de fichiers qui s'attachent aux programmes et exercent une action directe ou indirecte et les virus du système qui s'attaquent à certains fichiers vitaux du disque dur.

• Les macrovirus

Il est possible de rencontrer des macrovirus chaque fois qu'un produit offre à l'utilisateur la possibilité d'écrire des macro-commandes permettant une écriture sur disque. La plate-forme qui comporte le plus de macrovirus est Microsoft Word pour Windows. Les virus se propagent facilement dans cet environnement car les fichiers.DOC contiennent à la fois le texte et toutes les macros associées. Microsoft Excel est également touché. La fabrication d'un macrovirus, contrairement aux souches anciennes où il fallait maîtriser la programmation système, est à la portée d'un néophyte. Cette facilité attire les vocations malsaines et tous les jours, il se crée une quantité innombrable de nouveaux macrovirus. La procédure ancienne de rafraîchissement, tous les six mois, du fichier des « signatures virus » sur l'antivirus ne suffit donc plus. Il est donc impératif de faire des mises à jour régulières.

Tous ces risques ne sont pas minimes : le piratage informatique a coûté aux entreprises et services publics américains près de 378 millions de dollars en 2000, contre 265 millions l'année précédente, soit une augmentation de 42 %[3].

Le facteur humain

Si les moyens sont souvent basés sur la technique, le vrai risque est essentiellement d'origine humaine. Des employés, détenteurs d'informations précieuses, peuvent faire l'objet de convoitises. Le monde scientifique est le plus menacé, les expertises y sont particulièrement recherchées. Ces employés peuvent être amenés à collaborer avec des intérêts concurrents de manière consciente (argent, chantage, patriotisme...), mais aussi de manière inconsciente en étant par exemple abusés par leur interlocuteur : faux employé ou stagiaire envoyé par un concurrent, consultant partageant ses missions entre des sociétés occupant un même marché, collaborations scientiques trompeuses, etc.

Le FBI et la sécurité des informations

Le FBI doit se doter d'un « bibliothécaire électronique » qui pourrait signaler à la direction qu'un employé se promène dans des zones du système informatique de l'agence fédérale sans autorisation, estime l'ancien directeur du Bureau, William Webster, dans une interview publiée sur le site internet du magazine Time. Cet avertissement est intervenu une semaine après l'arrestation d'un agent américain ayant travaillé pendant une quinzaine d'années pour le compte de Moscou.

« Le classement électronique est bien plus vulnérable que nous le pensions », explique Webster. « Autrefois, nous avions un archiviste qui nous signalait quand quelqu'un demandait à voir des dossiers qu'il n'était pas censé consulter. Nous avons besoin d'une sorte d'archiviste électronique. » « On peut apprendre cela aux machines, je pense que l'on peut arriver à un niveau de sécurité qui fera hésiter les gens (tentés par l'espionnage) et qui réduira leur efficacité », ajoute l'ancien responsable, chargé par l'actuel directeur, Louis Freeh, d'évaluer et d'améliorer les systèmes de protection interne.

Robert Philip Hanssen, qui travaillait depuis 27 ans au FBI, a été arrêté et encourt la peine de mort pour avoir livré d'importants secrets à Moscou depuis une quinzaine d'années et avoir trahi des agents doubles. En raison de sa position, dans le bureau du contre-espionnage, Hanssen a eu accès à de très nombreuses informations, concernant notamment les méthodes de surveillance électronique utilisées par les États-Unis.

Il est a noter que celui-ci s'est « trahi » car il faisait trop souvent des requêtes sur lui, sur les ordinateurs du FBI afin de savoir s'il était surveillé par ses collègues. Son palm-pilot a également révélé un rendez-vous avec un des membres du KGB : Ellis. Le rendez-vous avait été pris deux ans auparavant), mais comme chacun sait : un disque dur garde une trace de tout ce qui y a été enregistré même si vous l'effacez.

Les risques trop souvent sous-estimés

Les voyages

Certains pays ont chargé leurs services de renseignement de prendre les secteurs industriels et commerciaux de leurs concurrents pour cible. Les agents de renseignement actifs dans leur propre pays ont l'avantage d'avoir accès à un vaste réseau de contacts locaux et de pouvoir compter sur leur collaboration. Certains ont même accusé la compagnie téléphonique locale et le service de renseignement national de collusion. Les informations les plus prisées sont les chiffres d'affaires, les liste de clients et de fournisseurs, les travaux de recherche, les prix, les stratégies, les appels d'offre... De même, de précieux renseignements peuvent être obtenus au cours de conversations qui se déroulent pendant un voyage : le directeur qui dévoile ses plans d'acquisition à son collaborateur lors d'un retour en TGV, les discussions d'affaires au restaurant, les indiscrétions d'un chauffeur de taxi ou encore les effets secondaires de l'alcool.

Les foires et expositions

Il s'agit de lieux privilégiés pour les chasseurs d'informations ; à tel point que de nombreuses entreprises vont jusqu'à élaborer des stratégies de visite plusieurs mois avant l'événement. On détermine les visiteurs, leur mission, leur parcours et les questions qu'ils vont poser. Un premier passera au stand d'un concurrent, un autre le suivra quelques minutes plus tard. Les réponses obtenues par chacun permettront les recoupements et les vérifications. Quoi qu'on pourrait croire, la naïveté est encore de mise chez de nombreux entrepreneurs en mal de contrats et de perspectives alléchantes. Un entrepreneur canadien a été jusqu'à donner son numéro de compte pour un investisseur potentiel qui voulait virer des fonds. La réalité fut moins enthousiasmante.

Les hôtels

Dans des capitales du tiers-monde, deux ou trois hôtels seulement sont d'un niveau de confort convenant aux négociateurs des grandes entreprises occidentales[4]. Ils sont donc systématiquement infiltrés par les services de renseignement des pays en question ! Tous les appels passés depuis la chambre risquent d'être interceptés, de même que les fax passés par la réception. Quant aux femmes de ménage, il n'y a pas que dans les films de James Bond qu'elles disposent de connaissances en informatique suffisantes pour piller le disque dur du micro-ordinateur portable laissé dans la chambre pendant un cocktail... Copier les fichiers sensibles sur une disquette s'impose donc. Et ne pas oublier qu'un fichier effacé ne l'est pas vraiment ! Il faut donc en outre vider le fichier de son contenu (et encore ! de très bons pros pourraient le retrouver). Évidemment, les hommes d'affaires doivent aussi s'interroger sur leurs soudaines capacités de séduction, qui poussent telle inconnue à lier connaissance…

Les communications

Hormis les risques d'interceptions des communications, il ne faut pas négliger ceux liés à un manque de discrétion. Lors des négociations pour la création de la monnaie unique européenne, Chirac et Kohl furent un moment confrontés à une situation inextricable, chacun campant sur ses positions. Le Français prétexta alors un besoin pressant et se cacha dans les toilettes pour joindre ses conseillers et connaître sa marge de manœuvre. La discussion n'échappa pas à son voisin de latrines, un conseiller allemand qui s'empressa de renseigner Kohl. Chirac revint et en quelques minutes, ce qui aurait pu être une des crises les plus dures dans l'histoire de l'euro fut réglée.

Les bavardages des clients et des fournisseurs

Le monde commercial dans lequel nous évoluons fait de plus en plus appel aux contacts, directs ou indirects. Ceci implique que des informations circulent vers des acteurs de plus en plus nombreux : clients, fournisseurs… qui sont eux-mêmes en contact avec d'autres acteurs. Le bavardage est donc favorisé et le risque inhérent aussi. Aux États-Unis, on vous enseigne en cinq jours et pour 6 000 $ la manière de faire parler quelqu'un sans qu'il s'en rende compte, en faisant appel aux notions d'assistance et de flatterie.

Les licenciements et départs

Un employé qui quitte une entreprise, c'est aussi des connaissances et des informations qui s'en vont. Les clauses des contrats et les précautions de base ne suffisent parfois pas à permettre aux concurrents d'en bénéficier. Motorola a ainsi poursuivi Intel pour avoir débauché certains employés de son centre de développement du microprocesseur PowerPC, grâce aux renseignements de l'ancien directeur[5]. Dans certaines entreprises américaines, lors des départs, on procède à des entretiens individuels, *Exit Interviews*, au même titre qu'à l'embauche, mais, cette fois, pour sensibiliser la personne aux risques et devoirs liés à l'information qu'elle détient.

Les étudiants

On propose à un étudiant un stage à l'étranger. Comment refuser ? Une telle expérience ne peut qu'être riche en enseignements… surtout pour l'initiateur de la proposition qui en saura plus sur un de ses concurrents. En 1994, à la douane de Roissy Charles de Gaulle, après un stage de plusieurs mois dans une entreprise française, un étudiant japonais a été arrêté en possession du brouillon d'un rapport indiquant dans les moindres détails les faiblesses de cette entreprise et donnant les moyens de la fragiliser de manière extrême[6].

Les journalistes

Un journaliste se présente dans une société de haute technologie pour les besoins d'un article. On le reçoit à bras ouverts et répond à toutes ses questions… sauf la dernière : « Avez-vous vérifié que je suis bien journaliste ? ». Regard embarrassé, silence confus. Pas de commentaires…

Les faux cabinets d'embauche

Des cabinets d'intelligence économique utilisent le recrutement pour recueillir des informations sensibles. Un client souhaite obtenir rapidement des données sur une entreprise concurrente. On lui propose de faire appel à une fausse procédure de recrutement : petites annonces ciblées, entretiens, etc. Un tel cabinet a récemment réalisé cette opération pour un des ses clients en visant les cadres commerciaux. Les faux recruteurs ont ainsi pu obtenir des candidats des renseignements sur leurs techniques de démarchage, les arguments utilisés pour vendre les produits, etc. Le client a rapidement été impressionné par l'efficacité d'une telle démarche. Certains de ses propres vendeurs s'étaient même rendus aux entretiens et ne furent pas les plus discrets. Même si ces pratiques restent peu courantes aujourd'hui, les possibilités de recrutement via Internet ne feront qu'amplifier ce type d'opération[7].

Les rumeurs (*hoax*) et la désinformation

Plus que des risques, les entreprises doivent à présent se défendre contre les effets néfastes de la communication globale. On peut tout dire, donc aussi n'importe quoi.

Un *hoax* est un canular, une fausse information. Phénomène auquel Internet a donné une nouvelle dimension[8]. Tout le monde a reçu un courrier électronique l'alertant d'un nouveau type de virus. Envoyé par un ami, le message est souvent frappé du sceau de l'urgence. Le réflexe premier est de relayer cette alerte et donc de renvoyer au plus vite le message à toutes ses connaissances, connaissances qui feront exactement la même chose et ainsi de suite jusqu'à ce que le message fasse plusieurs fois le tour du monde. Au-delà du simple fait que vous vous soyez fait piéger, sachez que les *hoax* sont porteurs de risques bien plus grands. De l'atteinte à la vie privée en passant par les nombreux dérapages, les dangers sont bien réels : désinformation et atteinte à l'image, encombrement des réseaux, voire risques de lassitude et de perversion.

Il y a différents types de *hoax*. Parmi ceux qui sont jugés comme étant les plus nuisibles, citons :

- Les faux virus qu'on vous fait passer pour des vrais. On alerte nos connaissances qui font de même.

Pour éviter de tomber dans le piège, fiez-vous aux agences spécialisées et recoupez vos informations avant de céder à la panique et de la transmettre aux autres.

- Les chaînes de solidarité ont un côté encore plus pervers puisqu'elles font appel à votre humanité : si vous diffusez ce message, un pauvre enfant malade recevra une certaine somme de l'ISP (Internet Service Provider).
- La désinformation a pour but de porter atteinte à l'image de marque d'une personne ou d'une société par l'intermédiaire d'une information qui va choquer ou interpeller les destinataires. C'est une « propagation délibérée de fausses informations pour influencer une opinion et affaiblir un adversaire ».

« La désinformation écrite exige beaucoup plus de subtilité et de rigueur que la désinformation parlée, explique la commissaire des Renseignements Généraux (RG), qui a patiemment fait le tour de la question. Par exemple, dans l'image télévisée, c'est l'image choc ou la petite phrase qui serviront à transmettre la fausse information car ce sont elles qui frappent la mémoire. Le choix du transmetteur, celui qui va permettre de désinformer, est primordial. Le rôle du journaliste est, ici, décisif. Il n'a très souvent que peu de temps pour procéder à une vérification sérieuse des sources. Il peut appuyer la désinformation sans le savoir, par souci du scoop ou en raison des impératifs de la rédaction pour laquelle il travaille. Par le biais des médias, la désinformation est d'autant plus crédible qu'elle se trouve renforcée par un phénomène de répétition.[9] »

Quelques morceaux choisis parmi les dernières rumeurs diffusées sur la toile[10] :

- le suivi des utilisateurs de GSM via des émetteurs-relais internationaux utilisés par les services de police ;
- le gain d'un GSM, d'une caisse de champagne ou plus récemment d'une Peugeot 307 lorsque vous envoyez le (faux) message publicitaire reçu à un certain nombre de vos amis ;
- la liste des mots clés à utiliser dans vos e-mails pour saturer le réseau Échelon ;
- la tarte aux fraises hallucinogène dont aurait été victime le client d'un Cora ;
- l'invitation faite aux clients de Hotmail à transmettre un message à tous leurs contacts pour éviter d'être éliminés du service de messagerie, surchargé et souhaitant se défaire des comptes inutilisés ;
- la mise sur le marché de bananes tueuses qui transportent une maladie mortelle ;
- l'incitation à utiliser le Coca-Cola comme produit nettoyant eu égard à son potentiel acide ;
- un faux échange de courriers électroniques entre des membres de la direction de Total Fina qui invitaient à mettre en place une stratégie pour contrer les appels au boycott, suite au naufrage du pétrolier « Erika ».

Les possibilités d'attaques sont donc nombreuses et tendront certainement à se diversifier encore plus. Raison de plus de se donner les moyens d'une vigilance systématique et les capacités de réaction adaptées.

Δ

1. Longeon, Robert, Archimbaud, Jean-Luc, *Guide de la sécurité des systèmes d'information à l'usage des directeurs*, CNRS, 1999.
2. *Mattel espionnait les petits enfants*, Revue de Web, *www.transfert.net.*
3. Étude réalisée par The Computer Security Institute et le FBI.
4. Bourdillon, Yves, *La drôle de guerre de l'info*, *in* Les Échos, 18-19 février 2000.
5. Source : *www.hoaxbuster.com.*
6. Auer, François, *Comment se protéger de l'espionnage, de la malveillance et de l'intelligence économique*, Secret Consulting, 1997.

7. Laïdi, Ali, *Recrutement : gare à l'espionnage, in* L'Express, 01/04/1999.

8. Source : Services Info n°50.

9. Henri, Brigitte, *Le message, l'émetteur et le média, in* Veille Magazine, n°29, novembre 1999.

10. Source : Services Info n°50.

– 10 –
Les parades

Audit

Un audit de sécurité consiste à identifier les menaces et les agresseurs potentiels qui pourraient vouloir atteindre le patrimoine de l'entreprise.

La méthode à suivre se décline en différentes étapes :

– s'interroger sur la stratégie de l'entreprise ;
– connaître tous les éléments du patrimoine immatériel à protéger ;
– identifier les risques et les failles de sécurité (fichiers détournés, clients bavards, licenciés revanchards, faux candidats à l'embauche, visites indiscrètes...) ;
– imaginer qui peut être l'agresseur et ses motivations ;
– évaluer les risques de complicité interne volontaire ou involontaire ;
– analyser, après retour d'expérience, les cas internes ou externes d'agression ou d'action criminelle, en particulier, dans le domaine de la délinquance informatique et de la guerre de l'information.

Cet audit devra déboucher sur un plan global et systématique de sécurité. Aujourd'hui, 27% des entreprises françaises seulement ont une politique de sécurité globale et 20% réalisent un audit de sécurité[1].

Stratégie de Contre-Intelligence

Afin de se prémunir des différents dangers qui guettent les entreprises, il est impératif d'avoir une démarche professionnelle et spécifique : la contre-intelligence. Elle consiste à établir les éléments à protéger, les dix étapes d'une telle démarche et les règles à adopter par l'ensemble des acteurs.

Tenir à jour une liste des vulnérabilités et risques potentiels

Il s'agit d'identifier tous les risques liés à l'information :

- le stockage physique des données sensibles et les possibilités d'accès aux réseaux,
- les personnes qui détiennent des informations sensibles et les contacts qu'elles ont avec le monde extérieur,
- les étapes des procédures existantes qui pourraient être soumises à une perte d'information.

Protéger les systèmes informatiques de l'intrusion et de l'infection

Une architecture informatique doit être vue comme celle d'une forteresse à l'abri des intrus et des indiscrets :

- protéger les bases de données informatiques et les liaisons entre réseaux contre tout accès non autorisé,
- gérer la sauvegarde et l'élimination des données,
- mettre en place une solution anti-virus,
- crypter les messages.

Assurer la confidentialité des données et des documents

Toute source d'information doit être vue comme un élément de connaissance de l'entreprise, qui a une valeur relative. Il faut donc :

- classifier, gérer et protéger les informations critiques,
- déterminer des niveaux de confidentialité et de sécurité à appliquer à tout document (public, interne, confidentiel, secret...),
- identifier et éliminer les documents sensibles qui ne doivent pas être conservés,
- protéger correctement les locaux, même durant les heures de travail,
- vérifier qu'aucun document ne soit abandonné à la vue de tous (bureaux, photocopieuses...).

Sensibiliser et former le personnel

Une politique de sécurité ne sera réaliste que si elle prend en compte le facteur humain. Cela implique de :

– sensibiliser et former tous les employés à la menace que l'espionnage économique et les indélicatesses peuvent faire peser sur leur sécurité d'emploi et sur la santé financière de l'entreprise, via de petits séminaires réguliers et des notes internes claires et précises,

– responsabiliser les personnes et mettre en place des politiques de sécurité.

Gérer la communication externe

Tout flux d'informations avec l'extérieur doit être contrôlé :

– vérifier le sérieux des acteurs externes (auditeurs, fournisseurs...),

– prévoir dans les contrats des clauses de confidentialité, de non-concurrence et de propriété intellectuelle,

– tenir à jour une liste des interventions des acteurs externes dans l'entreprise et des acteurs internes hors de l'entreprise,

– qualifier les personnes qui ont des contacts avec l'extérieur, c'est-à-dire les préparer en leur spécifiant ce qu'ils peuvent dire et ce qu'ils ne peuvent pas dire, les tester, vérifier les communications avant leur publication ou leur exposition.

Gérer les visites dans l'entreprise

Les visites dans l'entreprise sont des événements importants qu'il faut préparer soigneusement :

– identifier les personnes qui veulent visiter,

– différencier les personnes de l'entreprise et celles venant de l'extérieur,

– établir une liste préalable des visiteurs,

– imposer le fait que seules les personnes qualifiées puissent répondre aux questions.

Mettre en place des procédures de sécurité

Un certain nombre de règles doivent être communément admises :

– discuter des questions délicates de l'entreprise dans des endroits appropriés,

– contrôler avec réalisme l'accès des employés et des visiteurs aux installations et aux documents,

– choisir avec soin et circonspection le mode de communication pour les discussions d'affaires,

- ne pas ouvrir de courriers ou de documents électroniques dont l'origine n'est pas clairement identifiée et fiable,
- établir un code d'éthique,
- rassembler ces procédures au sein d'une « charte sécurité », diffusée dans toute l'entreprise.

Personnifier la fonction sécurité

Il est essentiel de désigner des responsables en matière de sécurité de l'information et un coordinateur pour cette fonction. De même, il faut procéder régulièrement à des audits de sécurité.

Anticiper les crises

Comme nous l'avons vu précédemment, un « accident » peut facilement se transformer en catastrophe s'il n'y a pas eu de prise de conscience préalable des risques et des moyens de réagir en cas de problème.

Il n'est entre autres pas superflu de prévoir la création d'une cellule de crise capable de réagir rapidement en cas de faille de la sécurité : qui doit faire quoi, dans quelles conditions et avec quels délais.

Développer une politique de contre-information

De plus en plus, les entreprises seront confrontées à des attaques par l'information. Elles devront pouvoir y faire face avec professionnalisme, c'est-à-dire pouvoir donner des arguments sensés et pesés à toute attaque.

Ces dix points forment une base de la stratégie de contre-intelligence, mais celle-ci ne sera réellement efficace que si la politique de sécurité est globale et pragmatique, et son responsable un homme de communication avant tout. Elle doit se baser sur une « Charte de Sécurité » dont nous vous proposons ici les éléments fondamentaux. Maintenant... à vous de jouer !

Δ

1. Étude et Statistiques sur la sinistrabilité informatique en France – 2000, CLUSIF / GMV Conseil, 31 mai 2001

Sites Internet

Cybercriminalité		
Institut de la Cybercriminalité	I	www.cybercriminstitut.com
Competitive Intelligence et contre-intelligence	I	www.intellpros.com
Protection des données personnelles et voir comment on est pisté sur Internet	A	www.cnil.fr
Sécurité des systèmes d'information	A	www.clusif.asso.fr
Désinformation		
La chasse aux rumeurs et à la désinformation	I	www.hoaxbuster.com www.disinfo.com
Les dernières (dés)informations	I	www.strategic-road.com
Annuaire international consacré à l'intelligence économique et stratégique	D	

A. association professionnelle
D. documentation / références
I. information

Bibliographie

ACHARD Pierre, BERNAT Jean-Pierre, *L'Intelligence Économique : mode d'emploi*, ADBS Éditions, 1998.

AUER François, *Comment se protéger de l'espionnage, de la malveillance et de l'intelligence économique*, Secret Consulting, Paris, 1997.

ALLAIN-DUPRE Patrice, DUHARD Nathalie, *Les armes secrètes de la décision*, Gualino, 1997.

ANCIAUX Jean-Pierre, *L'entreprise apprenante*, Éditions d'Organisation, 1994.

BAMFORD James, Puzzle Palace, A Report on NSA, *America's Most Secret Agency*, Boston, MA :Houghton-Mifflin, 1982.

BAMFORD James, Body of Secrets, *Anatomy of the ultra-secret National Security Agency*, From the Cold War throught the Dawn of a New Century, Double Day, New-York, 2001.

BANNAN Joan, *Intranet Document Management*, Addison-Wesley, 1997.

BARON Guy (dir.), *Intelligence économique : objectifs et politiques d'information*, Études et Recherches n°96, Institut des Hautes Études de la Sécurité Intérieure, 1996.

BAUMARD Philippe, *Stratégie et surveillance des environnements concurrentiels*, Masson, 1991.

BAUMARD Philippe, *Organisations déconcertées*, Masson, 1996.

BESSON Bernard, POSSIN Jean-Claude, *Du Renseignement à l'Intelligence Économique*, Dunod, 1996.

BESSON Bernard, POSSIN Jean-Claude, *L'Audit d'Intelligence économique*, Dunod, 1998.

BLOCH Alain, *Intelligence Économique*, Economica, 1996.

BONNET Yves, *Contre-espionnage, Mémoires d'un patron de la DST*, Calmann-levy, Paris, 2000.

BRZEZINSKI Zbigniew, *Le grand échiquier, L'Amérique et le reste du monde*, Pluriel, Hachette, 1997.

CALVI Fabrizio et PFISTER Thierry, *L'œil de Washington*, Albin Michel, Paris, 1997.

CAMP Robert C., *Le Benchmarking*, Éditions d'Organisation, 1992.

CAMPBELL Duncan, *Surveillance électronique planétaire*, Éd. Allia, Paris, 2001.

CARTIER Michel, *Le nouveau monde des infostructures*, Fides, 1997.

CRICK Francis, *The Astonishing Hypothesis : the scientific search for the soul*, Touchstone, 1994.

DASQUIE Guillaume, *Secrètes Affaires, Les services secrets infiltrent les entreprises*, Flammarion, Paris, 1999.

DAVENPORT Thomas H., *Information Ecology : mastering the information and knowledge environment*, Oxford University Press, 1997.

DAVENPORT Thomas H, PRUSAK Larry, *Working Knowledge : how organisation manage what they know*, Harvard Business School Press, 1998.

DELOIRE Christophe, *Histoires secrètes des détectives privés*, JC Lattès, Paris, 2001.

DENECE Eric, *Le nouveau contexte des échanges et ses règles cachées*, Information, Stratégie, Guerre économique, L'Harmattan, Paris, 2001.

DESVALS Hélène, DOU Henri, *La Veille Technologique : l'information scientifique*, technique et industrielle, Dunod, 1992.

DUFRESNE David, LATRIVE Florent, *Pirates et flics du net*, Seuil, 2000.

DUKAS Reuven (edited by), *Cognitive Ecology : the evolutionary ecology of information processing and decision making*, University of Chicago Press, 1998.

FALIGOT Roger, *Naisho, Enquête au cœur des services secrets japonais*, Éd. La Découverte/Enquêtes, Paris, 1997.

FALIGOT Roger et KROP Pascal, *DST, Police secrète*, Flammarion, Paris, 1999.

FALIGOT Roger et KAUFFER Rémi, *Les maîtres espions, histoire mondiale du renseignement, Tome 2 (De la Guerre froide à nos jours)*, Robert Laffont, Paris, 1994.

FŒNIX-RIOU Béatrice, *Recherche et Veille sur le web visible et invisible*, Édition Tec & Doc, 2001.

FULD Leonard, *The New Competitor Intelligence*, John Wiley, 1995.

GERE François, *Demain la guerre, une visite guidée*, Calmann-Lévy, Paris, 1997.

GIGET Marc, *La dynamique stratégique de l'entreprise*, Dunod, 1998.

GODET Michel, *Manuel de Prospective Stratégique* (2 tomes), Dunod, 1997.

GUICHARDAZ P., LOINTIER P., ROSE P., *L'infoguerre, Stratégies de contre-intelligence pour les entreprises*, Dunod, Paris, 1999.

GUISNEL Jean, *Guerres dans le cyberespace, Services secrets et Internet*, Éd. La Découverte/Poche, Paris, 1997 (réédition de 1995).

GUISNEL Jean, *Les pires amis du monde, Les relations franco-américaines à la fin du XXe siècle*, Stock, Paris, 1999.

HARBULOT Christian, La *machine de guerre économique*, États-Unis, Japon, Europe, Éd Economica, Paris, 1992.

HASSID Laurent, JACQUES-GUSTAVE Pascal, MOINET Nicolas, *Les PME face au défi de l'Intelligence Économique*, Dunod, 1997.

HENRI Brigitte, *Le Renseignement, Un enjeu de pouvoir*, Éd. Economica, Paris, 1998.

KAHANER Larry, *Competitive Intelligence : how to gather, analyze and use information to move your business to the top*, Touchstone, 1997.

KAUFFER Rémi, *L'arme de la désinformation, Les multinationales américaines en guerre contre l'Europe*, Grasset, Paris, 1999.

JAKOBIAK François, *Maîtriser l'information critique*, Éditions d'Organisation, 1988.

JAKOBIAK François, *Pratique de la Veille Technologique*, Éditions d'Organisation, 1991.

JAKOBIAK François, *Exemples commentés de Veille technologique*, Éditions d'Organisation, 1992.

JAKOBIAK François, *L'Intelligence Économique en Pratique*, Éditions d'Organisation, 1998 (2e édition en 2001).

KAHANER Larry, *Competitive Intelligence : how to gather, analyze and use information to move your business to the top*, Touchstone, 1997.

LAINEE François, *La Veille Technologique : de l'amateurisme au professionnalisme*, Eyrolles, 1991.

LELOUP Catherine, *Moteurs d'indexation et de recherche*, Eyrolles, 1997.

McGONAGLE John J., VELLA Carolyn M., *Protecting Your Company Against Competitive Intelligence*, Quorum Books, 1998.

MARTI Yves-Michel, MARTINET Bruno, *L'Intelligence Économique : les yeux et les oreilles de l'entreprise*, Éditions d'Organisation, 1995.

MAYER René, *Information et Compétitivité, rapport au commissariat général au plan (France)*, La Documentation française, 1990.

MASSE Guy, THIBAULT Françoise, *Intelligence économique : un guide pour une économie de l'intelligence*, De Boeck Université, 2001.

MINSKY Marvin, The Society of Mind, Touchstone, 1986

NONAKA Ikujiro, TAKEUCHI Hirotaka (avec des contributions de Marc INGHAM), *La connaissance créatrice : la dynamique de l'entreprise apprenante*, De Boeck Université, 1997.

OBERSON Philippe, *L'internet et l'intelligence économique*, Éditions d'Organisation, 1997.

PATEYRON Emmanuel-Arnaud, Le *management stratégique de l'information*, Economica, 1994.

PUNCH Maurice, Dirty Business, *Exploring Corporate Misconduct*, Analysis and Cases, Sage Publications Ltd, 1996.

REED Stephen K., *Cognition : théories et applications*, De Boeck Université, 1999.

REMY Daniel, *Qui veut tuer la France ? La stratégie américaine*, Éd. Jacques Grancher, Paris, 1999.

REVELLI Carlo, *Intelligence Stratégique sur Internet*, Dunod, 1998 (2e édition en 2001).

ROMAGNI Patrick, WILD Véronique, *L'intelligence économique au service de la stratégie des entreprises*, Presses du Management, 1998.

ROUACH Daniel, *La Veille technologique et l'Intelligence économique*, PUF (Que sais-je ?), 1996.

SALMON Robert, DE LINARES Yolaine, *L'intelligence compétitive*, Economica, 1998.

SAMIER Henry, SANDOVAL Victor, *La recherche intelligente sur l'internet et l'intranet : outils et méthodes*, Hermes Science, 1998.

SCHENK David, *Data Smog : surviving the information glut*, Harper Edge, 1997.

STOLL Clifford, *The Cuckoo's Egg, Tracking a Spy Throught the Maze of Computer Espionage*, Pocket Books, New York, 2000.

THOMAS Gordon, *Guideon's Spies, Mossad's Secret Warriors*, Pan Books, Londres, 2000.

TOFFLER Alvin et Heidi, *Guerre et contre-guerre, Survivre à l'aube du XXIe siècle*, Fayard, Paris, 1994.

VILLAIN Jacques, *L'entreprise aux aguets*, Masson, 1989.

DOCUMENTS

An Apraisal of Technologies of Political Control, rapport du STOA, janvier 1998.

Interception Capabilities 2000, Parlement européen.

Le développement de la technologie de surveillance et les risques d'abus des informations économiques, Parlement européen.

Rapport d'activités du Comité permanent de contrôle des services de renseignement, 1998, 1999, 2000.

Rapport d'information sur les systèmes de surveillance et d'interception électroniques pouvant mettre en cause la sécurité nationale, Commission de la Défense nationale et des Forces armées, 11 octobre 2000.

VAN OUTRIVE Lode, Les services de renseignement et de sécurité, Courrier hebdomadaire du Crisp n°1660-1661, déc. 1999.

Index

605827 - Avril 2015
Achevé d'imprimer par